Joh Fritz

Deutsche Stadtanlagen

Joh Fritz

Deutsche Stadtanlagen

ISBN/EAN: 9783743365568

Hergestellt in Europa, USA, Kanada, Australien, Japan

Cover: Foto ©ninafisch / pixelio.de

Manufactured and distributed by brebook publishing software
(www.brebook.com)

Joh Fritz

Deutsche Stadtanlagen

DEUTSCHE STADTANLAGEN

VON

Dr. JOH. FRITZ.

BEILAGE

ZUM

PROGRAMM N^R. 520 DES LYCEUMS ZU STRASSBURG I. ELSASS.

STRASSBURG

UNIVERSITÄTS-BUCHDRUCKEREI VON J. H. ED. HEITZ (HEITZ & MÜNDEL).

1891.

DEUTSCHE STADTANLAGEN[1]

Dr. Joh. FRITZ.

Auch manchem Nichthistoriker dürfte bekannt sein, dass uns die letzten Jahre eine reiche Fülle von allgemeiner Städtelitteratur gebracht haben. Alle diese neuen Erscheinungen, sowie zahlreiche Arbeiten aus früherer Zeit, die durch sie wieder an Interesse gewonnen haben, beschäftigen sich, und zwar oft in scharfer Polemik, mit der Beantwortung der Frage nach dem Ursprung der deutschen Städte oder, um es richtiger zu sagen, — des deutschen Städtewesens. Denn ausschliesslich das Wesen, d. h. die rechtliche Seite dieser Niederlassungsform, wie sie sich offenbart: in dem Stadtrecht, der Stadtverfassung und allerlei Einrichtungen, welche Stadt und Dorf aufs schärfste von einander sondern, ist Gegenstand der Untersuchung.

Auf den augenblicklichen Stand dieser äusserst schwierigen, rechtsgeschichtlichen Forschung will ich weder eingehen, noch selbst einen neuen Beitrag zu derselben liefern. Ich begnüge mich, unter dem Text die Hauptschriften und Autoren, zu denen unsere besten Kräfte gehören, aufzuzählen.[2] Dagegen ist mir angesichts der gekennzeichneten Einseitigkeit

---

[1] Der Abdruck dieser kleinen Arbeit, welche ursprünglich nicht zur Veröffentlichung bestimmt war, hat besonders den Zweck, das Interesse auch an der hier vorgeschlagenen Betrachtungsweise der deutschen Städte in weitere Kreise zu tragen und besonders im Osten, wo lokalpatriotisches Interesse, eigene Anschauung und einschlägige Litteratur den Forschungen über die ostdeutschen Städte mehr zu Hülfe kommen als hier, zu Untersuchungen und Feststellungen anzuregen.

[2] v. Below, Entstehung der deutschen Stadtgemeinde. 1889. — v. Below, Entstehung der deutschen Stadtverfassung. Histor. Ztschr. 22/23. — R. Sohm, die Entstehung des deutschen Städtewesens. Leipz. 1890.

der Städtelitteratur der Gedanke gekommen, ob es nicht mindestens unbillig sei, über den rechtlichen »geistigen« Teil der Städte schier zu vergessen, dass sie doch auch einen sichtbaren, materiellen Teil: einen Körper haben! Sollte es nicht von einigem Nutzen sein, auch diesen zu betrachten, d. h. die Städte statt auf ihre Rechte, Statuten und Einrichtungen hin einmal anzusehen und zu vergleichen nach ihrer Bauart, Anlage und ganzen äusseren Erscheinung.

Ich meine doch, dass auch diese Betrachtungsweise, nach verständigem Verzicht auf grosse, allgemein gültige Resultate, geeignet ist, eine Reihe interessanter Ergebnisse zu liefern, die vielleicht auch im Stande sind, hier und da jene rechtsgeschichtlichen Forschungen zu fördern, zu bestätigen, zu ergänzen oder zu berichtigen.

Dass die vorhandene Litteratur, soweit sie mir bekannt ist, diese Betrachtungsweise weder pflegt, noch ihr durch Vorarbeiten oder Materialsammlungen entgegenkommt, ist doch eigentlich merkwürdig! Die schon berührte neueste und die ihr verwandte ältere Forschung ist durch ihren rechtsgeschichtlichen Charakter, ihr Suchen nach der Entstehung des blossen Rechtsbegriffes »Stadt« hinlänglich entschuldigt; auffallender ist es hingegen, dass auch in den zahlreichen, zum Teil recht ausführlichen Stadtgeschichten einzelner Städte, in den stadtgeschichtlichen Aufsätzen der vielen Provinzialzeitschriften oder Vereinspublikationen, sowie in den mannigfaltigen Broschüren lokalhistorischen Inhalts, die ich durchblättern konnte, trotz vieler topographischer Einzeluntersuchungen, doch fast niemals etwas über Form und Charakter der eigentlichen Stadtanlage — den Stadtplan gesagt wird. Das meiste topographische Interesse zeigen noch die ältesten stadtgeschichtlichen Werke. Ueberhaupt möchte ich hier bemerken, dass das Ende des vorigen Jahrhunderts und die erste Hälfte des jetzigen, nur nach Zahl und Umfang der selbständigen Werke zu urteilen, eine Blütezeit der Stadtgeschichtsschreibung gewesen zu sein scheint. Was die vielen, meist dem Pfarrer- oder Lehrerstande angehörigen alten Autoren an Kritik zu wünschen übrig lassen, wird für uns häufig aufgewogen durch ihre auf eigenster Anschauung beruhende Ortskenntnis.[1] Die neuere Zeit hat weniger selbständige Stadtgeschichten hervorgebracht.

— Aloys Schulte, Ueber Reichenauer Städtegründungen. 1890. Ob.-Rhein. Ztschr. VI, S. 137. — Rathgen, Entstehung der Märkte in Deutschland. 1881. — Schröder, Weichbild. 1886. — Koehne, der Ursprung der Stadtverfassung in Worms, Speier und Mainz. (I. Gierke's Untersuchungen zur deutschen Staats- und Rechtsgeschichte. 1890. Heft 31.) — Schwarz, Die Anfänge des Städtewesens. 1892. — Bernheim, Entstehung des Städtewesens. 1892. — Lamprecht, Wirtschaftsleben I. — Kaufmann, Georg, Zur Entstehung des Städtewesens. 1891. Programm der Universität Münster. — Kuntze, Die deutschen Stadtgründungen. 1891. — Varges, Entstehung der deutschen Städte. Zeitschrift f. Kulturgesch. III. — Gengler, Deutsche Stadtrechts-Altertümer. Erlangen 1882. — Hellwig, Deutsches Städtewesen zur Zeit der Ottonen. 1875. — Lamprecht, Die Entwicklung der deutschen Städteverfassung im Mittelalter. 1865. — Maurer, Gesch. der Städteverfassung in Deutschland. 1871. — Heusler, Ursprung der deutschen Städteverfassung. 1872. — Arnold, Verfassungsgeschichte der deutschen Städte. 1854. — Zimmermann, Versuch einer histor. Entwickl. der märkischen Stadtverfassung. 1837. — Gaupp, Ueber deutsche Städtegründung, Stadtverfassung. 1824. — Riedel, Die Mark Brandenburg. 1832.

[1] Diese ältere Litteratur ist jedoch schwierig zu beschaffen. Selbst die hiesige ausgezeichnete Bibliothek liess mich da oft im Stich.

Die Anforderungen an solche sind jetzt gross und mögen trotz all der bequemen Urkundenbücher und sonstiger Hülfsmittel manchen abschrecken, dem es sonst genügen würde,
hauptsächlich für seine Mitbürger zu schreiben. In den vorhandenen neueren Werken tritt
ebenfalls die Verfassungs- und Rechtsgeschichte stärker hervor. Doch hätte das die Verfasser
nicht hindern sollen, ihren Büchern einen, doch jetzt wahrlich leicht und wohlfeil herzu-
stellenden S t a d t p l a n beizugeben. Ich sah eine Anzahl neuer Stadtgeschichten, die auf
dieses nötige Hülfsmittel verzichtet haben,[1] während die älteren und ältesten Werke (auch
von ganz kleinen Städten) es sich selten haben nehmen lassen, e i n e n oder gar mehrere
S t a d t p l ä n e beizufügen. — Und gerade an die S t a d t p l ä n e sind wir mit unserer
heute vorgeschlagenen Betrachtungsweise gewiesen, als an das begreiflicherweise beste und
zuverlässigste Quellenmaterial, das natürlich der Kontrolle und Ergänzung durch die geschichtliche und topographische Litteratur älterer und neuerer Zeit nicht entraten kann.

Für die grösseren Städte findet man für die den Stadtgeschichten und Zeitschriften meistens
fehlenden kartographischen Beilagen allenfalls einigen Ersatz in den zahlreichen Stadtplänen
unserer besseren Reisehandbücher, besonders des Bädeker, wenn auch der Massstab derselben
recht klein ist. Weit schwieriger sind die Pläne von den Mittel- und Kleinstädten zu beschaffen.
Es bleibt da meistens nichts anderes übrig, als die Messtischblätter unserer Generalstabskarte
zu Rate zu ziehen, die jedoch wegen ihrer ausserordentlich grossen Anzahl und ihrer Unvollstän-
digkeit — sowie wegen ihres, wenigstens für unsere Zwecke, zu kleinen Massstabes, ein keineswegs bequemes Material bilden.[2] Eine Sammlung sämtlicher deutscher Stadtpläne, ein «Deutsches
Stadtplanbuch»,[3] wäre auch für andere Zwecke als den unsrigen eine wirkliche Wohlthat.

*   *   *

[1] Titel neuerer Stadtgeschichten: Boll, Geschichte der Vorderstadt Neubrandenburg. 1875.
(mit Plan.) — Bippen, Gesch. d. Stadt Bremen 1892. (ohne Plan.) — Hoffmann, Gesch. d. Hansastadt
Lübeck. 1889. (ohne Plan.) — Bauer, Gesch. von Hildesheim. 1892. (ohne Plan.) — Koppmann, Gesch. d.
Stadt Rostock. 1887. (ohne Plan.) — Richter, Otto, Verfassung der Stadt Dresden. (ohne Plan.) — Ennen,
Geschichte der Stadt Cöln Ebenso „ohne Plan" sind die Werke über Trier, Freiburg, Bern.

[2] Die hiesige Universitäts- und Landesbibliothek hat sämtliche, bis dahin erschienene deutsche Messtischblätter und gestattet, allerdings nur in ihren Räumen, gern die Benutzung, die jedoch nicht angenehm ist, weil
die Blätter vorläufig noch in der Reihenfolge, in der sie erschienen sind, d. h. geographisch ganz durcheinander,
liegen und so niemals einen Ueberblick über eine ganze Gegend zulassen. Doch wird dieser Uebelstand ja
mit der Zeit beseitigt werden. Der Massstab ist 1 : 25,000.

[3] Aehnliches wie das hier für Deutschland vorgeschlagene Werk hat das 17. Jahrhundert hervorgebracht:
es sind das die bekannten, eine ganze Anzahl von Folianten umfassenden Werke Merians, die jedoch zumeist
nur Städteansichten in Kupferstich geben. Selbst kleine Städte wie Auclam, Arnswalde, Barth, Pritzwalk haben
darin Aufnahme gefunden.

Merian. Matth.: Topographie, Beschreibung und Abbildung der vornehmsten Oerter. 1840—39. 11 Foliobde.

Merian, Theatrum Europaeum oder wahre Beschreibung aller Denkwürdigkeiten, so sich in Europa . . .
zugetragen haben. 1662—1720. 18 Foliobände.

Denjenigen, welcher sich für diese Litteratur interessiert, verweise ich auf den reichhaltigen Katalog Nr. 101
des Antiquariats R. Th. Völcker, Frankfurt: Städteansichten des 16.—19. Jahrh. Flugblätter, Kunstblätter etc.

I.

Die Stadtanlagen von Süd- und Westdeutschland sollen uns zuerst beschäftigen. Doch bevor ich den Leser bitte, sich selbst mit den ihm zu Gebote stehenden **Stadtplänen** einen Ueberblick zu verschaffen[1] über eine möglichst grosse Anzahl von Städten, möchte ich ihn auffordern, mit mir in Gedanken in irgend eine jener alten grossen Reichs- und Bischofsstädte, sei es Basel, Frankfurt, Regensburg, Ulm, Aachen, Münster oder eine andere, einzutreten:

Die vornehme Villenvorstadt, die erst kürzlich entstandene, schachbrettartig angelegte Stadterweiterung, ist schnell durchschritten. Ein Kranz wohlgepflegter Anlagen mit Ruhebänken und plätschernden Brunnen rechts und links von unserm Wege verrät die Stätte, wo einst Wälle und Gräben ein selbständiges, stolzes Gemeinwesen schützten. Nun folgen enge, meist krumme Strassen — wir sind in der Altstadt. Keine Spur von Regelmässigkeit, ein verwirrendes Durcheinander von Gassen und Gässchen thut sich vor uns auf, je weiter wir schreiten. Halt, da sehen wir die Spitze des prächtigen Doms gerade vor uns! Diese Strasse wird uns schnell zu ihm führen! Doch nein — plötzlich biegt sie unvermittelt nach rechts um; also schnell durch das linke Seitengässchen, aber wehe, es war eine Sackgasse! Ein neuer Versuch ist erfolgreicher; ehe wir's uns versehen, stehen wir gerade vor der gesuchten Kirche. — Eng, winklig ist der Platz, gestattet kaum einen Blick auf das herrliche Bauwerk, das aus der Ferne doch so frei und erhaben dazuliegen schien. Und welche **Form** hat der Platz, ist sein Grundriss ein Kreis, ein Viereck, ein Sechseck? **Nichts** von alledem, es ist einfach ein unregelmässig polygonaler Raum, den die bald sich vordrängenden, bald bescheiden zurückweichenden Häuserblöcke dem Gotteshause freigelassen zu haben scheinen, das, oft selbst noch bedrückt durch anstossende oder gar an seine Mauern und Strebepfeiler angeklebte Profanbauten,[2] so ein förmliches Anrecht gewinnt auf seine himmelanstrebenden Türme. Wie **hier** keine gerade Fluchtlinie der Gebäude zu beobachten ist, so fehlt sie auch in den soeben durchwanderten Strassen, wenn auch die Erker und Ueberhänge,[3] die einst noch zügelloser die Fluchtlinie überschritten, als es der Häuser steinerner Unterbau wagte, **meist** verschwunden sind.

---

[1] Denn es war mir nicht möglich, ausser einer Anzahl nordostdeutscher Stadtpläne, dieser kleinen Arbeit auch eine Auswahl südwestdeutscher, grössere Arbeit und Kosten erfordernde Grundrisse beizugeben.

[2] Wo es heute anders ist und die Domkirchen ohne solche Verunzierung dastehen, wie in Köln, Ulm und anderswo, ist doch diese Wandlung erst in jüngster Zeit durch schwierige und kostspielige Freilegungsarbeiten herbeigeführt. Auch das Strassburger Münster war bis dorthin, wo jetzt die gotische Umfassungsmauer steht, ringsum noch bis 1774 mit festen, sich wie Schwalbennester allen Ecken des Gebäudes anschmiegenden Verkaufsbuden umgeben, obwohl schon am Ende des 14. Jahrhunderts eine Freilegung der Kirche durch Ratsbeschluss angeordnet und wohl auch teilweise ausgeführt war. Die völlige Freilegung, auch von den östlich anstossenden Gebäuden, ist trotz des bereits dazu vorhandenen Fonds dauernd aufgegeben.

[3] In Strassburg wurden die Ueberhänge bereits 1296 und 1352 verboten (vgl. Königshofen) oder doch wenigstens auf eine geringe Breite beschränkt, für die auf der Aussenwand des Münsters, rechts vom Südportal, das Mass angegeben wurde mit der noch heute dort vorhandenen Inschrift: Diz ist die mâze des überhanges.

Man wird sagen, ich übertreibe; und doch gebe ich nur den Eindruck wieder, den mit mir wohl mancher gehabt hat, als er, vom Norden kommend, zum ersten Mal eine grössere oder auch kleinere Stadt des volkreichen deutschen Südwestens betrat. — Aber dieser Eindruck mag nur ein erster und ein falscher sein, beirrt durch die vielen Einzelheiten des Strassenbildes und den Mangel an Ueberblick. — Gut, so wenden wir uns nun an die Stadtpläne, soviel wir deren nur bekommen können. Mit einem Blick überschaut man nun ganze Städte und findet: jene Wirrnis von Strassen, Gassen und Gässchen, Plätzen, Plänen und Staden ist wirklich vorhanden; der kleine Massstab der Karte lässt sie sogar noch stärker hervortreten: Häuserblöcke, in Wirklichkeit massig und gross, scheinen hier stellenweis ganz planlos umhergestreut zu sein.

Malerisch sind diese krummlinigen Strassen, diese winkligen Plätze gewiss! Das ist noch kürzlich einem äusserst kunstsinnigen Manne, dem Bürgermeister der an alten krummen Partieen reichen Stadt Brüssel, Chr. Buls, so stark zum Bewusstsein gekommen, dass er von einer Aesthetik des alten Städtebaus gesprochen und eine Schrift veröffentlicht hat unter dem Titel: Esthétique des villes. Einen ähnlichen Bewunderer und Verfechter haben jene krummen Stadtanlagen gefunden in Henrici, dem Stadtbaumeister von Aachen, dem Muster einer alten krummen Stadt. Er empfiehlt sie geradezu (natürlich mit den gebotenen Aenderungen) für unsere wachsenden Grossstädte statt der geraden, breiten und langweiligen Strassenzüge in den bisherigen neuen Stadterweiterungen, die er «eine Thorheit des modernen Systems» nennt. Aehnlich spricht sich der bekannte Kölner Baumeister Stübben [1] aus.

Wichtiger als solche gewiss anziehenden ästhetischen Betrachtungen und praktischen Erwägungen ist für uns die Frage: Ist es möglich, angesichts und mit Hülfe einer grossen Anzahl von derartigen Plänen, in dieser Wirrnis altdeutscher Städte doch ein bestimmtes System, ein deutlich erkennbares und immer wiederkehrendes Gesetz aufzudecken, welches ihren Strassen die Richtung, ihrem Aufbau den Ort angewiesen hat?

So gestellt müssen wir, denke ich, diese Frage durchaus verneinen! — Darf man dagegen die Krummheit und Unregelmässigkeit selbst ein System, ein Prinzip nennen, so findet sich dies (von Ausnahmen später) gewahrt. [2]

---

[1] Ich beziehe mich hier auf zwei höchst lesenswerte Aufsätze, die in der „Kölnischen Zeitung" erschienen sind: 1. Gerades und Krummes im Städtebau. (Dezemb. 1891 (?).) — 2. Die Schönheit der Städte. Stübben. (Köln. Zeitg. 1894, April, Nr. 861.) — Eine grössere Publikation dieses Technikers, ausgestattet mit vielen Karten, beschäftigt sich mit den modernen Stadterweiterungen: Stübben: Der Städtebau. 1890.

[2] Eine andere naheliegende Frage konnte hier nicht behandelt werden, nämlich die, ob die Anlage der alten deutschen Städte sich prinzipiell von der anderer europäischer Völker unterscheidet, ob sie etwa einen besondern deutschen Typus der Anlage giebt. Das Material zu einer solchen Untersuchung ist ausserordentlich schwer zu beschaffen. Aus dem, was ich an Plänen anderer germanischer Völker (Engländer Dänen, Schweden) sah, habe ich den Eindruck gewonnen, dass kein wesentlicher Unterschied zwischen ihrer und unserer Anbauweise besteht. In altrussischen Städten hingegen scheint eine Art „Zwiebelplan" öfter wiederzukehren; die romanischen Länder stehen zum Teil unter römischer Nachwirkung, und besonders Italien selbst zeigt eine bestimmte Planform, auf die ich am Schluss dieser Arbeit etwas eingehen muss.

Aussichtsvoller scheint eine zweite Frage, zu der die Stadtpläne auffordern, nämlich die, ob sich nicht wenigstens an den allerdings höchst unregelmässigen Stadtanlagen ebenso ein scharfer, grundsätzlicher und allgemeiner Unterschied von den Dorfanlagen nachweisen lässt, wie ihn die anfangs erwähnte rechtsgeschichtliche Forschung schon längst zwischen der rechtlichen Stellung und Verfassung städtischer und ländlicher Gemeinwesen festgestellt und auf seinen Ursprung untersucht hat.

An sich ist die Annahme eines solchen allgemeinen äusserlichen Unterschiedes wohl berechtigt! Denn, wie auch Sohm und Kaufmann[1] neuerdings stark betont haben, ist die Stadt nicht bloss rechtlich, sondern nach ihren ganzen Lebensbedingungen, d. h. wirtschaftlich, verschieden von dem Dorfe, und ihrer Existenz im Rechtssinne wird in den allermeisten Fällen (d. h. in Südwestdeutschland) eine solche im wirtschaftlichen Sinne vorausgegangen sein. Oder anders ausgedrückt: erst eine wirtschaftlich von bäuerlichem Zusammenleben verschiedene Vereinigung hat das Bedürfnis gehabt, sich auch rechtlich von ersterem zu unterscheiden, — d. h. eine Stadt im Rechtssinne zu werden.

Doch die Thatsachen widersprechen aufs entschiedenste solcher Annahme! Es giebt keinen solchen prinzipiellen Unterschied der Anlagen! Die Dorfanlagen von Süd- und Westdeutschland, wie sie am besten auf den Messtischblättern verglichen werden können, sind gerade so unregelmässig und zwanglos im einzelnen Dorf, wie ungleich unter sich und zeigen genau dasselbe Durcheinander schmaler und breiterer Gassen, welchen nichts fremder ist als die gerade Linie, wie irgend welche grössere oder kleinere Städte.

Man bebaue doch nur in Gedanken die krummen Strassenzüge irgend eines derartigen Dorfplans mit den geschlossenen Reihen hoher städtischer Gebäude, und man hat das getreue Abbild irgend eines kleinen Reichsstädtchens, oder umgekehrt, man umsäume die gewundenen Gässchen eines solchen mit locker stehenden, niedrigen bäuerlichen Behausungen und ihren Nebengebäuden — und nichts bleibt übrig, was städtische Anlage, städtischen Grundplan verrät!

Woher zunächst diese Unregelmässigkeit hier wie dort? Wie ist sie geschichtlich zu erklären? Das ist leicht geschehen! — Ist sie doch selbst ein Stück verkörperter Geschichte und redet lauter und deutlicher als es die schriftlichen Quellen vermögen, von allmählichem Entstehen, Werden und Wachsen. — Bedürfnis, Zufall und Laune, nicht technische oder künstlerische und aufs Ganze zielende Ueberlegung haben den Strassen ihre erste Richtung, den Plätzen ihre Form gegeben.

Sucht man indes nach einem höheren Gesichtspunkt, nach einer Art von Gesetz für diese Unregelmässigkeit, so mag man dieselbe, in Erinnerung an bekannte Aeusserungen antiker Schriftsteller über unsere Vorfahren, ansehen als den notwendigen Ausfluss des deutschen Volkscharakters, in dem ja der Drang nach Freiheit und Ungebundenheit des Einzelnen alle andern Rücksichten überwog.

* * *

---

[1] Vgl. die oben zitierten Schriften beider.

Dass Dörfern und Städten, wie uns die Stadtpläne lehrten, gleiche Unregelmässigkeit des Grundplans eigen ist, darf indes für sich allein nicht als Beweis der Entstehung des
einen aus dem andern, der Stadt aus dem Dorfe, gelten. Denn auch dort, wo, bewusst oder
unbewusst, von vornherein ein vom Dorfe wirtschaftlich verschiedenes Zusammenleben (Stadt
in bloss wirtschaftlichem Sinne) entstand, konnten die Ansiedler ältester Zeit offenbar nur die
einzige ihnen bis dahin geläufige Form des Zusammenwohnens wählen, nämlich die Dorfform.

In solchem Fall ist die Dorfanlage sozusagen nur geistig, ideell die bestimmende
Grundlage, der Ausgangspunkt für den Grundplan der späteren Stadt geworden. Aber
auch wirklich und körperlich ist sie es in den weitaus meisten Fällen und besonders
dort mit einiger Sicherheit gewesen, wo das Vorkommen des heutigen Stadtnamens[1]
für ein Dorf zusammentrifft mit dem heutigen Vorhandensein solches unregelmässigen, dorf-
ähnlichen Grundplans der Altstadt. Hier haben dann allerdings die krummen Dorfstrassen
mit der solchen Dingen eigentümlichen Beharrlichkeit die Richtung der städtischen Strassenzüge für immer festgelegt. Und der regellose (Dorf-) Kern ist regellos vergrössert, indem mit
zunehmender Bevölkerung der Anbau den zuführenden Landstrassen und Feldwegen folgte,
deren oft recht sonderbare Richtung durch die nur selten gerade verlaufenden Grundstück-
grenzen in der Feldmark bedingt war. In dem sonst so willkürlichen Aufbau sind letztere
das Feste, Unveränderliche, an dem, da es keine Zwangsenteignung gab, schwer zu rütteln war.

Die Grenze des eignen Grundstücks mit der Hausfront haarscharf zu erreichen, ellen-
weit hinter ihr zurückzubleiben, musste man ohne Rücksicht auf die Strassenflucht jedem
ebenso gestalten, wie man anderseits auch in ältester Zeit das geringste Uebergreifen und
Ueberbauen auf die Allmende[2] (die Strasse, den Platz) ahndete.[2]

Vor solchen Privatgrenzen machte auch manche vielversprechende Strasse Halt, um
für immer eine Sackgasse zu bleiben. Gerade an dieser Art von Strassen sind ja die ältesten
Städte ungemein reich. Von Strassburgs Sackgassen garnicht zu reden, bitte ich, nur darauf
hin etwa die Pläne von Colmar, Aachen, Würzburg, Bamberg anzusehen. So von innen
heraus entstanden, Schritt für Schritt dem Bedürfnis folgend, gleichen diese alten krummen
und sich kreuzenden Strassenzüge unserer Stadtpläne, «den Jahresringen eines Baumes»
(Nissen) oder wie Stübben in der Besprechung der Bulsschen Schrift treffend sagt: «den
Arterien und Venen eines lebenden Organismus».

---

[1] Ich brauche wohl kaum daran zu erinnern, dass ich bei all meinen Ausführungen nicht bloss die
wenigen grossen Städte im Auge habe, deren Pläne allerdings am besten zugänglich sind, bei denen aber
oft ein recht complicierter Entwicklungsgang vorliegt, sondern besonders auch die vielen kleinen Land-
städtchen, deren Grundpläne mir nur aus den Messtischblättern bekannt wurden.

[2] Auch Strassburg, dessen Bauentwicklung einen besonders, weiter unten zu erörternden Gang genommen
hat, ist reich an Beispielen hierfür, ebenso aber, wie aus Urkunden und Ratsprotokollen alter Zeit hervor-
geht, an Versuchen, die Allmende hier und dort zu überbauen, und Strafbestimmungen hierfür. Das bekannte,
jüngst künstlerisch restaurierte Kammerzellsche Haus hält mit seinem schiefen, steinernen Unterbau genau
die Grenze ein, überschreitet sie nur im Oberbau. Als der Besitzer 1589 vor dem Umbau mehrmals und
dringlich um die Erlaubnis nachsuchte, um 3 Schuh bis in die gerade Linie hinauszurücken, ward dieselbe
versagt. (vgl. in: Strassburg und seine Bauten, 1894, den Aufsatz von O. Winckelmann).

Häufig scheint aber in so einem alten Stadtplan nicht bloss ein Dorfplan zu stecken, sondern mehrere. Dass dies thatsächlich so ist, wird bei vielen Städten auch durch die Ueberlieferung und die litterarischen Quellen bestätigt.

Ich erinnere für unser Land nur an Colmar und Schlettstadt.[1] Hier ist ein Punkt, wo die topographische Lokalforschung einsetzen könnte und gewiss, unterstützt von chronikalischem und urkundlichem Material, manches interessante Resultat ergeben würde. Auch für die rechtsgeschichtliche Forschung dürfte überall solche örtliche Zergliederung von Nutzen sein, da dem örtlichen Zusammenwachsen und Einverleiben von benachbarten Ortschaften auch Rechtsvorgänge, wie die Ausdehnung und Erteilung des Stadtrechts entsprechen müssen, die freilich, wie Beispiele aus anderen Gegenden lehren, keineswegs gleichzeitig zu sein brauchen.

Deutlich erkennbare Spuren solcher ursprünglichen Mehrheit von Ansiedlungen sind im Stadtplan besonders dort zurückgeblieben, wo trotz äusserer Vereinigung und rechtlicher Gleichstellung die Selbständigkeit der einzelnen Gemeinwesen noch lange gewahrt blieb.[2]

Die Annahme von mehreren Dorf-Ansiedlungen, auf die bei vielen Städten genaueres Studium mancher topographischer Kleinigkeiten sowie der alten Namen führen würde, wird besonders da nahe gelegt, wo der Stadtplan schon auf blossen Anblick hin deutlich mehrere Zentren erkennen lässt,[3] von denen je eine Anzahl (allerdings krummer) Strassen ausgeht, oder um die herum, blickt man nicht auf die Strassen, sondern auf die Häuserblöcke, letztere sich zu scharen scheinen. Denn aus eigener Anschauung und mehr noch durch die Betrachtung von vielen hundert Messtischblättern kann man den sicheren Eindruck gewinnen, dass die deutschen Dorfanlagen trotz all ihrer oben charakterisierten Unregelmässigkeit doch durchweg in der Gestalt eines unregelmässigen Platzes einen gewissen Mittelpunkt haben. Ob derselbe hier die alte Dingstätte bezeichnet, dort erst um die Kirche herum, die ihn heute meistens einnimmt, entstanden ist oder gar gewissen Verkehrs- und Marktzwecken[4] sein Dasein verdankt, ist für unsere Betrachtung ohne Belang.

Und doch erklären sich eine Anzahl Stadtbilder, die gerade dadurch so auffallend und

---

[1] Wie gut bezeugt ist, sind einverleibt in Schlettstadt: das Dorf Burner, in Colmar: Teinheim Bekannt sind solche Einverleibungen, die wahrscheinlich viel häufiger und allgemeiner sind, als man annimmt. z. B. auch in Mainz, Worms, Erfurt, Köln.

[2] Siehe unten Braunschweig, Hildesheim, Münster, Magdeburg u. s. w. vgl. über diese Spezialgemeinden auch: Kaufmann, S. 22.

[3] Obwohl ich hier bestimmte Stadtpläne im Auge habe, führe ich keinen derselben als Beispiel an, weil ich hier ohne das zu sicherem Urteil nötige kartographische und litterarische Material nicht im Stande bin, den näheren Nachweis zu liefern Doch will ich erwähnen, dass auch Köhne (Ursprung der Stadtverfassung von Worms, Speier, Mainz) von rechtsgeschichtlichen Erwägungen ausgehend auf diese, nämlich frühere (ländliche) Spezialgemeinden verratende Bedeutung der Kirchen und Kirchspiele gekommen ist. In Mainz z. B. ist die Ignazkirche Zeuge des einverleibten Dorfes Selhofen, während andere solche Gemeinden dort nur noch unter dem Kirchspielnamen ihrer Pfarrkirchen als städtische Spezialgemeinden erscheinen. Für Erfurt, das ein gutes Beispiel für Entstehung aus dorfartigen Ansiedlungen ist, vgl. Vollbaum: Die Spezialgemeinden der Stadt Erfurt, 1881. Für Köln vgl. Liesegang: Die Sondergemeinden Kölns, 1885.

[4] Denn es gab unzweifelhaft auch blosse Dörfer mit Märkten (Jahr- wie Wochenmärkten), die auch später nicht zu Städten geworden sind.

unter sich ähnlich sind, dass bei ihnen der Kirchplatz (Domplatz) eine geradezu zentrale Lage hat und sich um ihn herum, noch unregelmässiger als sonst — ich möchte sagen zwiebelartig — die Häuserblöcke gruppieren, besser ohne den Dorfplan einer früheren Ansiedlung, ja selbst ohne die oben als ideell bezeichnete Uebertragung desselben.

Ich denke hier insbesondere an so merkwürdige Stadtpläne wie die von Münster, Aachen,[1] Würzburg, von Bremen (Domstadtteil), Bamberg, Braunschweig (Mittelteil), Hildesheim (Domstadtteil) und meine, dass bei solchen grossen kirchlichen Mittelpunkten und ähnlichen kleinen, deren Pläne nicht so zur Hand sind, der Bischofssitz oder die Abtei, neben oder ohne alte Ansiedlung errichtet, ihre nächsten Angehörigen auch örtlich dicht um sich scharte und so solchen Anbau veranlasste, und das umsomehr, als solche zunächst immer rechtlich in sich abgeschlossene Gemeinschaft häufig auch durch beengende Umfassungs- und Schutzmauern abgegrenzt war.[2]

Oder anders gefasst: Auch in diesem Fall ist die Stadtanlage festgewordene Geschichte und der Stadtplan eine geschichtliche Urkunde, welche redet von dem gerade Deutschland eigentümlichen Zusammenhang von kirchlicher und wirtschaftlicher Entwicklung.

Münster.   Aachen.

*   *   *

Alles, was bisher über Stadtpläne gesagt wurde, bezieht sich zwar nur auf den Süden und Westen unseres Vaterlandes; aber auch dort könnte ich allerlei Einrede erfahren. Regelmässige Städte wie Karlsruhe, Mannheim, Darmstadt, Neustrelitz aus dem 17. und

---

[1] Vgl. die Pläne.
[2] Vgl. Köhne (S. 10), der auch darauf hinweist, dass weit mehr als Pfalz und Königtum Bistum und Kirche von Bedeutung gewesen sind, zunächst schon für die wirtschaftliche Entstehung der deutschen Städte.

18. Jahrhundert mit ihrer sternförmigen oder schachbrettartigen Anlage wird man mir selbstverständlich nicht als Ausnahme entgegenhalten, auch nicht ähnlich spontane Schöpfungen aus früherer Zeit, auf die ich indes später in anderem Zusammenhange zurückkommen werde, sondern gerade eine Anzahl ältester Städte im Gebiet des Rheins und der Donau, die wenigstens in einem Teil, und zwar offenbar dem ältesten, einen gewissen, aber unverkennbaren Hang zur Gradlinigkeit und Rechtwinkligkeit verraten. Das beste Beispiel ist zufällig hier das nächste, nämlich unser Strassburg selbst. Hier ist die angedeutete Erscheinung ja augenfällig für den zwischen Broglie und Kalbsgasse einerseits und dem Strassenzug Fischmarkt — Gewerbslauben und St. Stephan anderseits liegenden Stadtteil, d. h. für den Bezirk, welchen, wie jedermann weiss, einst das mit Mauern und Gräben umgebene Rechteck des römischen Castrums Argentoratum einnahm. [1] Aehnlich heben sich auf dem Stadtplan von Metz,[2] Köln, Constanz, Coblenz (?), Bonn (?), Wien aus dem Gewirr krummer oder doch unregelmässiger Strassen noch heute mehr oder minder deutlich die Umrisse und Strassenzüge der alten Römercastra ab.

Aber dass die deutschen Wiederbesiedler dieser alten Kulturstätten die dort vorgefundene, nach römischer Art nahezu geometrische Regelmässigkeit[3] der alten Strassenzüge nur so unvollkommen gewahrt haben, wie es selbst die besten Beispiele zeigen, und dass jenseits jener früheren Castrumstellen die annähernde Planmässigkeit und Gradlinigkeit wieder dem gewohnten Gassengewirr weicht oder letzteres sich höchstens noch etwas durch die Richtung der Längs- und Querseiten des Castrums beeinflusst zeigt, lehrt aufs neue, dass von planmässiger, nach einem bewussten oder unbewussten System sich vollziehender städtischer Ansiedlung in ältester Zeit keine Rede sein kann. Obwohl ich selbstverständlich alle Detailuntersuchung schon aus Mangel an dem nötigen Material der Lokalforschung überlassen muss,[4]

---

[1] Auf dem Plan stellt sich dieser Stadtteil als ein scharf abgegrenztes Rechteck dar, in dessen ganzem Umfang fast die Fundamente der alten Castrumsmauern nachgewiesen sind. Die Hauptstrassen innerhalb desselben haben im ganzen eine den Längsseiten des Castrums folgende westöstliche Richtung und werden von einer grösseren Anzahl schmaler, sie ziemlich rechtwinklig schneidender Gassen verbunden, die von Norden nach Süden und damit den kurzen Rechteckseiten parallel laufen. Auf der beigebenen Tafel 5 habe ich eine Planskizze des alten Argentoratum gegeben, die man leicht mit dem heutigen Plan vergleichen kann.

[2] In Metz ist dem Plane und dem Augenschein nach dieser Stadtteil der mittlere, höchstgelegene, etwa zwischen der Esplanadenstrasse und dem Anfang der Rue Marchand einerseits, der R. aux Ours oder schon der R. Nexirue, der R. des Parmentiers und R. du Paradis anderseits. Er stellt also auch ein Rechteck dar, mit Hauptstrassen parallel den Längsseiten und Nebenstrassen parallel den Querseiten desselben.

[3] Die besten noch vorhandenen Beispiele solcher römischen Kolonie-Anlagen bieten uns eine Anzahl italienischer Städte wie Aosta, Turin, Verona, Bologna, Florenz, Neapel z. Teil, (Pompeji s. Nissen, Templum S. 63) und andere, deren Kern nicht bloss die antike Anlage beibehalten hat, sondern deren spätere Erweiterungen oft auch in ähnlichem System angelegt sind. Den rechteckigen altrömischen Kern von Florenz, der, wie sich (übereinstimmend mit der geschichtlichen Forschung) sofort aus dem Plan erkennen lässt, zwischen Arno u. via Cerretani einerseits und Piazza S. Trinita und Piazza S Firenze anderseits gelegen hat, gebe ich unten (Tafel 5) bei den andern Plänen. Man vergleiche damit etwa den Plan von Strassburg, Metz und andern alten Römeranlagen. Wie bei unsern Stadtplänen ist zur Erkennung des ältesten Stadtkerns auch hier auf die Strassennamen zu achten, bei Florenz z. B. findet man dort Borgo dei Greci, degli Albizzi, Via vigna nuova, Via Porta Rossa u. a.

[4] Z. B. wie es sich mit dem Einfluss des römischen Stadtplans auf Städte wie Worms, Speier, Mainz, Constanz, Regensburg, Augsburg im Einzelnen verhält.

möchte ich in diesem Zusammenhang des merkwürdigen Stadtplans von T r i e r , der früheren wirklichen grossen Römerstadt auf heutigem deutschem Gebiet, gedenken. Es scheint mir schon durch die Lage der Thore anzunehmen geboten (und es wird auch wohl von der Lokalgeschichte angenommen?), dass die als römische Kolonie angelegte Stadt den üblichen regelmässigen Grundplan mit rechtwinklig sich kreuzenden und schnurgerade auf die Thore zuführenden Strassen hatte.[1] Gewiss! Erkennbar sind auch noch heute solche Richtungen ; aber ohne an ein krummes Strassengeflecht auch nur zu erinnern, wie es andere alte Städte, etwa Aachen, haben, ist der Plan doch recht unregelmässig und lässt in seinem Ostteile ein ähnlich in sich abgeschlossenes rundes Domviertel[2] erkennen, wie wir's in Aachen, Münster und anderswo bereits kennen gelernt haben, welches, offenbar noch ganz in der alten Römerstadt liegend, deren Regelmässigkeit an dieser Stelle g a n z ignoriert hat, und wohl aus den oben (S. 11) erwähnten Gründen. In Strassburg ist, wie sowohl eigne Anschauung als ein Blick auf den Stadtplan lehrt, durch die Domkirche (Münster) keine derartige Veränderung bewirkt worden. Im Gegenteil, das Münster, welches bekanntlich nicht nach den Himmelsrichtungen orientiert ist, sondern mit der Front nach Südwesten liegt, hat sich hier den Strassenzügen des Castrums angepasst, bei dessen Anlage man wegen des Flusslaufs der Ill auf die sonst übliche genaue Orientierung hatte verzichten müssen. Wäre das Münster orientiert, wie etwa die Thomaskirche, so würde es mit seiner südlichen Längsseite fast quer vor der Krämergasse, dem alten römischen Westthor, stehen.

Wer weiss, wie lange und erregt in der Rechtsgeschichte gerade darüber gestritten ist, ob unsere ältesten deutschen Städte aus den römischen Städten, welche ihnen vorausgingen, entstanden, d. h. ob sie als ihre Fortsetzung im r e c h t l i c h e n Sinne anzusehen sind, wird eine gewisse Freude daran haben, dass nach der längst erfolgten und wohl berechtigten Ab-lehnung d i e s e s Zusammenhangs,[3] doch ein anderer Zusammenhang und Einfluss, baulicher, technischer Art, nicht verleugnet werden kann, von dem wir nur bedauern werden, dass er nicht wirksamer gewesen ist. Auch ohne solchen Einfluss auf die Stadtanlagen würde übrigens den alten Römerstädten das andere, im Grunde ja wichtigere Verdienst bleiben, auf das gerechterweise Kaufmann (S. 6. Anmk. 1) wieder hingewiesen hat, dass gerade auf oder

---

[1] In der von mir zu Rate gezogenen lokalhistorischen Litteratur: F r e e m a n , Augusta Treverorum, Geschichte der Treverer, und M a r x , „Geschichte des Erzstiftes Trier" finde ich zwar keine Auskunft über den mutmassl. Plan des römischen Trier ; doch da dasselbe als römische Kolonie angelegt war, sehe ich keinen Grund, daran zu zweifeln, dass es ebenfalls den sonst für römische Kolonieen üblichen, rechtwinkligen Strassenplan, wie derselbe in vielen italienischen Städten treu bewahrt ist, gehabt habe.

[2] Dieser Domstadtteil scheint hier, ebenso wie man es bei andern Städten weiss oder vermutet, befestigt oder doch ursprünglich umhegt gewesen zu sein. Ausser der offenbaren Abrundung dieses Stadtteils führt mich darauf auf dem Plan der in diesem Zuge vorkommende Name „Grabenstrasse". Auf die diesem Plan ebenso wie dem von Münster, Bremen und andern eigentümliche Lage des Hauptmarktes vor dem Dome werden wir später noch verweisen.

[3] Doch hat erst neuerdings K a u t z e (die deutschen Stadtgründungen oder Römerstädte und deutsche Städte im Mittelalter, Leipz. 1891) nochmals versucht, auch nach den Schriften von Below, Schulte, Sohm etc. einen solchen Zusammenhang nachzuweisen und unter anderm auch das von jenen Forschern als stadtgrün-dend betrachtete Marktrecht als römische Erbschaft darzuthun.

bei ihren Trümmern solche Ansiedlungen entstanden, die lange, bevor an Städte im Rechtssinne gedacht werden kann, als Städte im wirtschaftlichen Sinne angesehen werden müssen.

Am Schlusse dieses Teils meiner Betrachtung, die, wie ich wiederhole, weniger selbst eine Untersuchung sein als vielmehr zu solcher anregen will, möchte ich im Ausblick auf spätere Erörterungen noch dem Wenigen Ausdruck geben, was bezüglich der geographischen Lage, des Standorts, der bisher besprochenen Städte sich mir als Gemeinsames herausgestellt hat.

Erstens ist auch hier wieder zu sagen, dass auch in dieser Beziehung zwischen Dorf und Stadt kein prinzipieller Unterschied besteht. Zweitens scheint die deutsche Stadt die Lage in der Ebene mindestens zu bevorzugen, jedenfalls nicht wie in romanischen Ländern die Berg-, Hügel- oder Plateaulage wegen des natürlichen Schutzes zu suchen. Ferner kann man sich der Beobachtung nicht entziehen, dass die Städte (und Dörfer) begreiflicherweise nicht bloss die möglichste Nähe schiffbarer Flüsse lieben, sondern häufig von irgend einem Wasserlauf, Fluss oder Bach, durchflossen werden, wie es ja für die Ausübung von allerlei Hantierung und Gewerbe sehr wünschenswert ist.

Gerade an letztere Erscheinung, sowie an die gleichartige älteste Befestigungsweise mit Zinnenmauern und Türmen wollen wir uns später erinnern.

Mit dem Vorbehalt, auf einzelne Erscheinungen innerhalb des bisher behandelten Gebietes später zurückzukommen, weil sie eine bessere Erklärung finden im Zusammenhang und Vergleich mit Beobachtungen aus andern Gegenden, wende ich mich nun im zweiten Teile den nord- und ostdeutschen Städten zu.

II.

Ganz anders ist der allgemeine Eindruck vom Städtebau in Nord- und Ostdeutschland, oder besser bezeichnet, in den Gebieten rechts der Elbe und Saale.

Während wir im Westen und Süden überall die krumme Linie herrschen sahen, befinden wir uns hier offenbar im Reiche der geraden !

Schnurgerade verlaufen selbst in den kleinsten Städten die ansehnlich breiten Strassen ; rechtwinklig werden sie von andern geschnitten ; die Häuserblöcke sind oft gleich gross und quadratisch ; krumme gewundene Strassen finden sich fast nur in der Nähe der Stadtmauern. Schon flüchtige Betrachtung einer grössern Anzahl von Stadt- und Dorfplänen lässt vermuten, dass hier zweierlei vorhanden ist, was wir vorhin vergebens suchten, nämlich :

1. eine oder mehrere typische Formen regelmässiger Stadtanlage.

2. ein ganz spezifischer Unterschied zwischen städtischen Grundplänen und denen der Dörfer.

Letztere haben nämlich, um dies zuerst zu erledigen, zwei ganz bestimmte, immer wiederkehrende Formen. Entweder stehen sie auch hier im Banne der krummen Linie und zeigen dann meistens die birneuartige Gestalt des altslavischen «Rundlings», von der nebenstehende Figuren einen ungefähren Begriff geben mögen,[1] oder sie erscheinen als gerade, sogenannte «Parallelanlagen», indem auf jeder Seite der als Dorfstrasse dienenden grossen Landstrasse eine mit der Front ihr zugekehrte Häuserreihe steht.

Auf diese beiden Formen hin viele Hunderte von Messtischblättern durchzusehen und Schlüsse daraus zu ziehen, ist ausserordentlich interessant. Doch muss ich hier, wo die Städte uns beschäftigen sollen, auf näheres Eingehen verzichten. Ich kann das um so eher, als der bekannte Nationalökonom Meitzen [2] schon längst dieser Erscheinung sein Interesse zugewandt und sie nach ihrer kulturgeschichtlichen Bedeutung erklärt hat.

Einem Norddeutschen ist übrigens die anfangs erwähnte Regelmässigkeit und Gradlinigkeit seiner Städte und der grosse und wesentliche Unterschied zwischen der Stadt und dem Dorf so gewohnt und selbstverständlich,[3] dass er sich, wie es ja mit solchen Dingen zu gehen pflegt, der Eigentümlichkeit beider Erscheinungen meistens erst dann bewusst wird, wenn er sich dem Gassengewirr der alten Städte Westdeutschlands und der stadtähnlichen Anlage dortiger Dörfer gegenüber sieht.

So mag es sich erklären, dass ich in der ganzen mir bekannten Litteratur nirgends eine prinzipielle Erörterung oder gar eine Einzelabhandlung über den Gegenstand finden

---

[1] Auf den Messtischblättern gleicht ein Dorf dieser Art dem andern. Die besten Rundlings-Beispiele fand ich im westlichen Mecklenburg (z. B. Hülsebeck, Göhlen, Picher, Warlow, Gr. Laasch, Klein-Pankow, Karenzin, Drefahl, Pampin, Pirow, Brescb, Kleeste), wo nicht, wie im östlichen Teil dieses Landes, der Grossgrundbesitz fast alle Bauerndörfer aufgesogen hat. Die andere Form der parallelen Anlage findet man überall, auch mitten zwischen Rundlings-Dörfern, am besten und häufigsten aber in Schlesien, dessen lange Dörfer ja auch sonst bekannt sind.

[2] Meitzen: Ausbreitung der Deutschen in Deutschland. (Jahrbücher für Nationalökonomie, Bd. XXXII.) Derselbe hat nachgewiesen, dass alle jene Dörfer mit Parallel-Anlage deutschen Ursprungs sind, trotz häufig entgegenstehender slavischer Namen und sich zusammensetzen aus Neugründungen an unbebauter Stelle und Neugründungen an Stelle eines eingegangenen Dorfes alter Bauart. Die Rundlingsanlage ist immer slavischen Ursprungs, kann aber dennoch völlig oder teilweise von deutschen Ansiedlern eingenommen und zwar mit deutschem Recht, doch in äusserlich unveränderter Form, fortgeführt sein.

[3] Als charakteristisch hierfür möchte ich nicht unerwähnt lassen, dass auf dem Titelblatte der norddeutschen Generalstabskarte als typisches Zeichen für eine Stadt solch rechtwinkliger Stadtplan, für ein Dorf solche Rundlingsanlage angegeben ist. Hierher gehört auch die häufige Beobachtung, dass nordostdeutschen Reisenden das Krumme und Winklige unserer alten süddeutschen Städte so auffällt, dass sie darüber zu keiner Würdigung der doch vorhandenen Schönheit und Eigenart derselben kommen können. Gerade unsere „wunderschöne Stadt" leidet oft unter dieser Verschiedenheit des Nordens und Südens.

konnte. Dagegen wirkt es fast komisch, dass alte und auch noch neue Autoren von Stadtgeschichten, falls sie überhaupt auf ihren Stadtplan zu sprechen kommen, ein gewisses lokalpatriotisches Behagen an dessen Gradlinigkeit verraten und zu meinen scheinen oder es auch geradezu sagen: Das sei doch ein besonders rühmenswerter Vorzug ihrer Stadt. Nachdenklichere suchen dann wohl nach einer Erklärung und meinen, ihre Vaterstadt sei einmal ganz abgebrannt oder zerstört und dann so meisterhaft wieder aufgebaut worden. Letzteres las ich beispielsweise noch in einer ganz neuen Abhandlung über Breslau[1] sowie in einer ganz ähnlichen Arbeit über Brieg von 1874.[2] Von Neubrandenburg[3] aber meint ein allerdings alter Autor (Latomus, Generalchronikon 1610) mit freudigem Stolz: Dasselbe «sei in solcher Cirkulärfigur und schnurrechten, weiten Strassen gebaut und fundieret, dass meines Wissens keine rundere Stadt zu finden, ohne die Stadt Palma, welche die Venetianer 1593 gebaut haben». Und doch hätte der gute Chronist, statt das ferne Palma zum Vergleich heranzuziehen, das nebenbei gesagt in seinem Plan nicht die mindeste Aehnlichkeit mit Neubrandenburg hat, nur wenige Meilen zu jedem der Neubrandenburger Thore hinauszugehen brauchen, um in Demmin, Greifswald, Stralsund, Anclam, Malchin genau dieselbe Regelmässigkeit zu finden.

Denn nicht bloss Gradlinigkeit und Regelmässigkeit der Anlage ist hier den Städten so charakteristisch, wie im Westen die Unregelmässigkeit; sondern man muss geradezu, wie ich bereits eingangs andeutete, von einem städtischen Normalplan sprechen. Als ich vor längerer Zeit durch meine auf eigner Anschauung beruhende Kenntnis einer Anzahl von Städten in meiner mecklenburgischen Heimat und den angrenzenden Ländern angeregt wurde, dieser Erscheinung nachzuspüren, wandte ich mich sofort an die sicherste Quelle, die grosse neue Generalstabskarte von Deutschland und durchmusterte sämtliche bisher erschienenen und hier vorhandenen Messtischblätter derselben.

Das Resultat war für mich doch ein überraschendes: ich konnte trotz des lückenhaften Materials gegen 200 rechtselbische Städte feststellen mit solchem regelmässigen Grundplan und dabei die Ueberzeugung gewinnen, dass sich diese Zahl wohl beträchtlich vermehre, ja halbwegs verdoppeln liesse, wenn meine Vorlagen vollständig und nach Provinzen geordnet vorlägen.[4] — Leider fehlten mir aber gerade aus den am meisten hier inbetracht kommenden Gegenden ganze Landstriche.

Wie sich jeder bei einer solchen Durchsicht überzeugen kann, zeigen viele dieser Stadtpläne unter sich eine so besondere Aehnlichkeit, ja Uebereinstimmung, dass man nur

---

[1] Markgraf i. d. Ztschr. f. schlesische Geschichte, 1888.

[2] Müller i. d. Ztschr. f. schlesische Geschichte, 1874.

[3] Diese Stadt hat inzwischen eine treffliche Geschichte erhalten durch den † Ernst Boll: Chronik der Vorderstadt Neubrandenburg. 1875. (mit Plan.)

[4] Wenn es mir seinerzeit möglich gewesen wäre, die Pläne provinzweise durchzunehmen, hätte ich gern hier eine vollständige Liste veröffentlicht. So, wo mir bald ein Plan aus Posen, bald aus Mecklenburg oder Brandenburg in die Hand kam, verzichtete ich lieber darauf. In den einzelnen Provinzen wird es leicht sein, das Material zu solcher lückenlosen Zusammenstellung zu bekommen. Auf solche hoffe ich von anderer Seite.

die Namen der Strassen zu vertauschen brauchte, um etwa aus dem Plan von A den von B zu machen. — Ja, bei der auffallenden Wiederkehr gleicher Strassen-, Platz- und Kirchennamen[1] wäre selbst dies kaum notwendig. Ich verweise für diese Bemerkung etwa auf Städte wie: Demmin, Anclam, Ribnitz, Gransee, Templin, Cöslin, Greifswald, Stralsund, Sohrau, Wittstock, Frankenstein, Münsterberg, Schweidnitz, Glogau, Ober-Glogau, Hirschberg, Brieg u. s. a. m.

Am deutlichsten und auffallendsten ist dieser regelmässige Stadtplan bei den kleineren und kleinsten Landstädten Norddeutschlands, weil hier noch keine älteren Stadterweiterungen und modernen Vorstadtanlagen das Bild verwischen. Aber auch bei den grossen volkreichen Städten dieser Gegend, ich nenne von vielen nur Breslau, Posen, Dresden, Leipzig, und im ferneren Osten Krakau und Warschau, sondert man mit einem Blick auf den Plan leicht den kleinen gradlinigen Kern aus, der etwa herausgeschnitten nach Einteilung und Abmessung[2] durchaus als Plan irgend einer jener kleinen Landstädte gelten könnte.

Ein Gang, wie wir ihn oben durch eine südwestdeutsche Grossstadt vorschlugen, würde hier geradezu den umgekehrten Verlauf nehmen: Durch eine Anzahl krummer, enger, schief sich kreuzender, unansehnlicher Strassen würden wir vordringen in das schön und regelmässig gebaute Centrum, in die Altstadt. Denn bei den Städten, die nicht erst der neusten Zeit ihren Aufschwung verdanken, wie etwa Berlin, sondern bereits im späteren Mittelalter zu grösseren Verkehrs- und Handelszentren heranwuchsen, hat sich um die regelmässige Altstadt ein Kranz von Strassenzügen gelegt, deren Unregelmässigkeit derjenigen westdeutscher Städte nichts nachgiebt. Hat solche Stadt dann noch in jüngster Zeit grössere Bevölkerungszunahme erfahren, so zeigt ihr Plan als getreuen Niederschlag auch dieser Entwicklung um jenen unregelmässigen Kranz wieder ein wohlüberlegtes System gerader, breiter, sich rechtwinklig schneidender oder strahlenförmig von der Altstadt ausgehender Strassen.

Auch dort, wo die Grenze jenes Altstadtkerns nicht gleich auf den ersten Blick sich kundgiebt, ist dieselbe bei genauerem Studium des Plans leicht zu finden. Da treten Strassen auf, die durch ihre Annäherung an die Kreislinie den Zug der ältesten Umwallung verraten, da liest man Namen wie: Achterstrasse, Hinterstrasse, Graben, Grube, Thal, Gries, Burgstrasse, Mauerstrasse, Wallstrasse, Alter-Wall, Hinter der Mauer, Thorplatz, Neuestrasse, Turmstrasse, Dammstrasse und andere, die ihren Ursprung nicht verleugnen können.[3]

---

[1] Die Kirchennamen sind meistens St. Johannes-, Marien-, Nikolai-, Jakobi-, Petri-, Aegidien-Kirche, Katharinen-Kirche, daneben fast überall als Spitalkirche die Heilige-Geistkirche.

[2] Nach meinen Messungen ist der Durchmesser der ursprünglichen regelmässigen Anlage (sowohl von heutigen Grossstädten als heutigen Kleinstädten) fast immer der gleiche, nämlich: 500—600 Meter; z. B. Dresden, Stralsun, Malchin, Münsterberg, Brieg, Meyenburg, Reichenbach haben je 400 Meter Durchmesser. Breslau, Leipzig, Cöslin, Neubrandenburg, Warschau, Gransee 600 Meter. Andere ovalere haben die Ausdehnung 500 : 400 Meter oder 500 : 300. Auch bei mehrmaligem Vorkommen des Schemas zeigt jedes ähnliche Masse.

[3] Desselben Hülfsmittels wird man sich natürlich auch bei Aussonderung des sehr viel schwerer erkennbaren ältesten Stadtteils einer alten durchweg krummen westdeutschen Grossstadt mit Erfolg bedienen, wie es ja oben bereits geschehen ist.

2

Dieser somit ganz zweifellos gemeinsame, gradlinige ostdeutsche Stadtplan, von dem ich zwei schematische Zeichnungen zur Erläuterung beifüge, lässt sich etwa so beschreiben: Eine annähernd kreis- oder ovalrunde Baufläche zeigt in der Mitte einen quadratischen oder oblongen Platz, von dessen vier Ecken oder Seitenmitten gerade, meist breite Strassen an die Peripherie führen. Diese Strassen sind wieder durch ebenso gerade, oft etwas schmälere, sie rechtwinklig schneidende Querstrassen untereinander verbunden, so dass das ganze Bauterrain in eine Anzahl regelmässiger, quadratischer oder rechteckiger Bauvierecke zerlegt wird. Eine oder streckenweise zwei den Stadtmauern konzentrische Ringstrassen verbinden die Mündungen aller jener Haupt- und Querstrassen auf die Mauer. Dass dieser Plan mannigfacher kleiner Modifikationen fähig ist, braucht kaum gesagt zu werden. Darüber später!

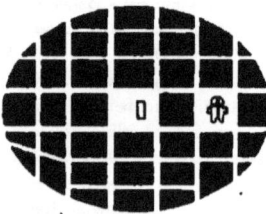

Durchmesser meist 500 : 400,
doch auch 600 : 580 u. 500 – 800 : 300.

Durchmesser meist 500 m.,
zuweilen 600 m.

Eigentümlich ist diesen Stadtanlagen ferner, dass sie, soweit ich beobachten konnte, fast ausnahmslos genau oder doch annähernd nach den vier Himmelsrichtungen orientiert sind, so also, dass alle Strassen entweder nordsüdlich oder westöstlich laufen und meist nach jeder Himmelsrichtung ein Thor führt.

Das einmalige Vorkommen des geschilderten Planschemas in einer Stadt ist das gewöhnliche, sowohl bei all den kleinen Landstädten als auch bei den heutigen Grossstädten: Leipzig, Dresden, Krakau, Warschau, Breslau, Posen, Berlin—Cöln u. s. w. Doch giebt es auch eine ganze Reihe von kleineren und grösseren Städten, deren Grundpläne das Schema in zwei- oder dreimaliger Wiederholung zeigen. Als typische Beispiele möchte ich dafür anführen: Rostock (3 Mal[1] mit je einem Kirch- und Marktplatz), Thorn (2 Mal), Tangermünde (2 Mal), Waren (2 Mal). Anderswo lässt der Plan nur die Anfänge eines zweiten Systems erkennen, etwa den viereckigen Markt mit dem Anfang einiger Strassen-

---

[1] Vgl. unten S. 26 über Güstrow, wo wohl eine zweimalige Anlage vorhanden war, aber wieder abgetragen wurde (?) Ferner Stettin, wo wohl eine solche geplant war.

züge. Wieder andere, meist recht kleine Städte haben überhaupt nur etwa die Hälfte oder drei Viertel eines solchen Plans. (Meyenburg, Friedland i. d. Mark.) Ja auch solche Pläne (sie sind in der obigen Schätzungszahl nicht inbegriffen) sah ich, die neben Spuren unserer Anlage Teile haben, welche an die Rundlingsform slavischer Dörfer erinnern.

Interessant war es mir sodann, dass ich keine solche Stadt fand, die von einem Flusse oder Bach durchflossen wird,[1] was doch sicherlich seine Vorteile hat und bei den früher besprochenen Städten doch recht häufig ist. Anderseits liegen sie, und ich glaube ausnahmslos, in der Nähe eines Stromes, Flusses, Baches oder eines der in jenen Gebieten so häufigen Seen und zwar wieder gern so, dass sie auf dem Landdreieck zwischen einem Flusse und seinem hier einmündenden Nebenflusse (od. Bach) stehen. Auch sumpfige, bruchartige Umgebung auf einer oder zwei Seiten scheint mehr aufgesucht als vermieden zu sein.[2] Gewiss ist hierbei an den grösseren natürlichen Schutz gegen Ueberfall zu denken, und das mag uns veranlassen, noch einen Blick auf die Befestigungswerke dieser Städte zu werfen, wo solche noch in alter Anlage vorhanden und nicht bereits älteren Stadterweiterungen oder Werken Vaubanschen Systems gewichen sind. Ich glaube nämlich, neben der auch hier zu erwartenden Gleichmässigkeit und Uebereinstimmung der Anlage einen nicht geringen Unterschied zwischen ihnen und den Verteidigungswerken der alten südwestdeutschen Städte zu erkennen.

Bei letzteren scheint mir, so viel ich selbst beobachten oder aus Merians alten Stadtansichten ersehen konnte, das Hauptstück der Befestigung die starke, hohe, einfache oder doppelte Stadtmauer (mit oder ohne verstärkender Erdanschüttungen) gewesen zu sein, bewehrt mit Zinnen und runden oder viereckigen ausspringenden Türmen. Vor dieser Stadtmauer sind tiefe, schützende, nasse und trockne Gräben angebracht; aber der Wall oder auch die Wälle, die zwischen ihnen liegen, versehen hier sozusagen nur die Stelle des Glacis. Also im ganzen ist diese früh mittelalterliche Befestigungsweise sehr ähnlich der altrömischen.

Ganz anderes zeigt sich bei unsern in Rede stehenden Städten: Hier ist offenbar die nicht allzuhohe, meist schlecht gebaute Mauer, mit ihren niedrigen Wighäusern und seltenen Türmen, das Geringere und, wie ich im Ausblick auf später zu Erwähnendes sagen muss, das Sekundäre, und die Hauptsache sind die Erdwälle, welche sie aussen begleiten und sich oft zu erstaunlicher Höhe auftürmen. Der sogenannte «Chimborazzo» der Lübecker Wälle oder die hohen Südwälle von Rostock sind gewiss manchem Leser bekannt. Aber auch in vielen kleinen Städten überhöben die Wälle die Mauern bedeutend und

---

[1] Berlin (und ebenso andere) machen doch nur eine scheinbare Ausnahme, da hier zwei selbständige Städte (Berlin-Cölln) inbetracht kommen, zwischen denen der Fluss hindurch fliesst.

[2] Diese Lage, inmitten von Sümpfen und bruchartigen Gegenden, ist besonders in Posen häufig, doch auch in Mecklenburg und Pommern sind mir viele gute Beispiele bekannt; meistens führte dann später ein Erddamm durch diese Gegend, an den sich bis heute (wo die Sümpfe längst trocken gelegt sind) die Erinnerung erhalten hat in Namen wie: Dammthor, Dammstrasse, Dammwiesen, Mühlendamm. Wo sich Hügellage findet, ist zu beachten, dass dann der Hügel, auf dessen einem Ende die Stadt liegt, wie eine Landzunge vorstösst in ein Sumpf- und Wiesengebiet.

erscheinen als der eigentliche Schirm des Ortes. Auf die Aehnlichkeit der diesen Städten charecteristischen, oft prüchtigen, doppelten oder gar drei- und vierfachen Thorbauten[1] aus Backsteinen mehr als hinzuweisen, hat hier keinen Zweck, da sie alle erst dem Ausgang des Mittelalters angehören; wohl aber dürfte uns im Stadt-Innern noch Einiges interessieren:

Da steht frei auf dem erwähnten Mittelplatze, der überall als Marktplatz dient, in Schlesien jedoch meistens «Ring» genannt wird, das Rathaus, wie es heute heisst, dessen untere Räume oft jetzt noch ausser dem üblichen Ratskeller[2] allerlei Verkaufshallen, sowie eine amtliche Wage enthalten und so daran erinnern, dass es früher in erster Linie das Kaufhaus war (domus forensis, mercatorium, theatrum, Schulhaus).[3] Seitlich auf demselben Platze erhebt sich, genau orientiert nach den Himmelsrichtungen, die stattliche Kirche in gotischem Backsteinbau, in einem kleinen Orte meist die einzige Stadt- und Pfarrkirche, ausser der fast überall vorhandenen mit einem Spital oder Asyl verbundenen heil. Geist-Kirche oder Kapelle, (vgl. Demmin, Malchin, Gransee, Krakau i. M., Ribnitz, Rostock, Kyritz, Grabow, Freyenstein) oder sie steht auf einem zweiten oft gleich grossen und gleich regelmässigen Platze, der von dem Marktplatze nur durch ein Häuserquadrat getrennt ist. (Vergleiche Neubrandenburg, Leipzig, Lübeck, Wittstock, Cöslin, Bützow, Waren, Greifswald, Gnoien, Neuruppin, Münsterberg und viele andere).

Diese Lage des Rathauses auf dem Marktplatze ist ursprünglich allen jenen Städten gemeinsam und wird auch da anzunehmen sein, wo es heute anders ist: das Rathaus in Strassenflucht liegt und der Platz frei ist, wie zum Beispiel in Dresden. Das dort schon 1295 mit Schuh-, Brot- und Fleischbänken eingerichtete Rathaus oder Kaufhaus stand nach Richter,[4] «Verfassung der Stadt Dresden», S. 163 «frei auf dem nördlichen Drittteil des Marktes, enthielt auch Ratskeller und Trinkstube, ward aber 1707 abgebrochen». Dahingegen ist die häufig abweichende Lage der Hauptkirche ein geschichtlich verwertbares Merkmal, auf das wir noch zurückkommen müssen.

---

[1] Z. B. die vier völlig erhaltenen (2- und Pfachen) Thore von Neubrandenburg. Doch ist leider die Pietät gegen diese Zeugen der Vergangenheit nicht überall so gross wie in dieser durch geschichtliches Interesse seit lange ausgezeichneten Stadt. Hat man doch in den meisten kleinen Städten unseres Gebietes ohne vernünftigen Grund die Thore abgebrochen. In Malchin z. B., dem Sitzungsort des Mecklenburgischen Landtags, wo schon früher 3 eigenartige und baulich interessante Thorgebäude niedergelegt sind, konnte in jüngster Zeit (1893) das stattliche Steinthor nur durch Einspruch einiger Bürger und Dazwischentreten der Regierung erst dann gerettet werden, als es schon bis auf den Thorhogen niedergerissen war!! Man sollte dort wirklich zwangsweise Einführung des historischen Interesses wünschen, wo sich dasselbe noch nicht, wie jetzt in Süddeutschland, von selbst eingestellt hat. — Als Beispiel für solche Thore gebe ich unten zwei Skizzen. Sie zeigen zugleich den bei den kirchlichen Backsteinbauten und Rathäusern zur allgemeinen Anwendung gekommenen Stil. Vgl. Tafel 5.

[2] Die Ratskeller sind eine ganz allgemeine Einrichtung, zurückzuführen auf das ursprünglich dem Fürsten zustehende, dann den Städten überlassene Recht (Schrotrecht), Bier und Wein in ganzen Fässern zu halten und zu verkaufen. So waren z. B. Güstrow und Schwerin mit dem Verkaufe des Rheinweins begnadigt.

[3] Schulhaus hiess es wegen der darin befindlichen Schubläden in Neubrandenburg wo als „Rathaus" bis 1585 ein anderes bei der Marienkirche gelegenes Gebäude benutzt wurde, während sonst anderswo auch die Ratssitzungen in dem Kaufhaus abgehalten wurden. „Kophus unde rathus" ist in plattdeutschen Urkunden die geläufige Bezeichnung, in lateinischen theatrum oder domus theatri.

[4] Richter, Verfassung der Stadt Dresden. 1885.

Darf auch noch von der Umgebung dieser von aussen und innen so ähnlichen Städte die Rede sein, so ist da hervorzuheben, dass sie alle mit häufig gleich grossen, ziemlich ausgedehnten, oft fast kreisrund sie umziehenden Feldfluren von Aeckern, Gehölzen, Wiesen und Weiden ausgestattet sind. Letztere bilden grosse zusammenhängende Flächen und reden von grosser auf Allmende betriebener Kuhwirtschaft, während die langen, schmalen Ackerstreifen verschiedenster Bebauung rechts und links der Hauptwege die Bürger als betriebsame Kleingrundbesitzer kennzeichnen. Füge ich noch hinzu, ' dass häufig diese Feldmark mit einem Graben und einem kleinen, von dichtem Dorngestrüpp und einzelnen hohen Eichen bestandenen Erdwall, gemeinhin »Scheide« genannt, umhegt ist, der nur Durchlässe für die (1 l) Hauptlandstrassen hat und auf der inneren Seite von einem Streifen unbestellten, doch umpflügten Landes begleitet wird, so ist das Bild vollständig, das, obwohl nach seiner Entstehung sehr alt, noch heute von vielen kleinen Landstädten treu bewahrt wird.

* * *

Die berechtigte Frage nach der Ursache all dieser beobachteten Regelmässigkeit und Uebereinstimmung ist, ganz allgemein gefasst, noch leichter und kürzer zu beantworten als vorher die gleiche Frage angesichts der Unregelmässigkeit westdeutscher Städte.

Denn wer mit uns jene alten, allmählich entstandenen Städte des Westens betrachtet hat und nun eine Stadt wie Neubrandenburg, Anclam, oder wie die Altstadt von Breslau und Posen, sei's in Wirklichkeit, sei's nach dem Grundplan, kennen lernt, wird ohne jede Kenntnis der Ortsgeschichte und Ueberlieferung sagen müssen: hier liegt nicht allmähliches, zufälliges Entstehen vor, sondern Gründung, und zwar nicht nur Gründung in dem Sinne, dass jemand vielleicht durch eigene und einige andere Ansiedlungen den ersten Anstoss zum Entstehen eines städtischen Gemeinwesens gegeben hat, sondern Gründung mit voller Absicht, auf einen Wurf und nach wohlüberlegtem Plane: ja Reissbrett und Stift, Messkette und Pflugschar haben hier eine Rolle gespielt.

Selbstverständlich kann der eigentliche Anbau und Aufbau der Stadt im Innern dann immer noch ein allmählicher gewesen sein, ähnlich der Bebauung in unsern modernen Stadterweiterungen, wenngleich von vielen Städten ein ungemein schneller Anbau bekannt ist.

Für alle solche Städte aber (also für mehrere hundert) kann es keinem Zweifel unterliegen, dass sie auf solche Gründung zurückgehen. Ebenso ergiebt sich aus der allgemeinen Uebereinstimmung dieser schnurrechten, das Reissbrett verratenden Grundpläne die sehr wahrscheinliche Vermutung, dass Gründer und Gründungszeit für alle annähernd dieselben sind.

Weiss man denn sonst nichts über diese Gründungen, fehlt es darüber an geschichtlichen Quellen? O gewiss nicht! Wir befinden uns ja hier in dem grossen Kolonisationsgebiete zwischen Elbe und Saale einerseits und Weichsel und Memel anderseits, das, einst germanisch, in den Zeiten der Völkerwanderung, als Stamm auf Stamm nach Süden drängte, um dort entweder wie Schlesiens frühere Bewohner, die Vandalen, nach kurzer Blüte in

Afrika ihren Untergang oder wie die nordischen Longobarden am Po eine dauernde Heimat zu finden, verödete und dann, im 5. und 6. Jahrhundert völlig an die nachrückenden Slaven verloren ging.

Slavisch oder «wendisch» blieben nun diese weiten Niederungsgebiete der grossen Ströme, wo die Germanen keine andere Spur als die Stätten ihrer Toten, die «Hünengräber» zurückgelassen hatten, durch die Jahrhunderte, bis endlich seit den Zeiten König Heinrichs I. von Sachsen und seiner Söhne, der Ottonen, von jenseits der Elbe her ein erbitterter Kampf gegen die Slavenwelt, eine harte Arbeit zur Wiedergewinnung des alten germanischen Bodens und, was damals stets Hand in Hand ging, zur Christianisierung der noch heidnischen Bewohner begann. Dort entstanden jene Marken, jene Bistümer, die sich trotz vieler Wechselfälle endlich behaupteten und noch heute mit Namen oder Bestand an jene frühen Zeiten erinnern, wo Deutschland schon westlich von seinem jetzigen Mittelpunkt, Berlin, aufhörte und kirchliche Zentren von heute nur schwache Stützpunkte für die christliche Mission waren.

Was jene Zeit, das 10. Jahrhundert, begonnen, hat das 11. und 12. Jahrhundert trotz vieler Misserfolge fortgesetzt. Der Name Heinrich der Löwe braucht nur genannt zu werden, um die Erinnerung zu wecken an die Heereszüge dieses gewaltigen Mannes, der mit Eisenfaust die letzte Macht der Slavenfürsten brach, Mecklenburg und Pommern zu Lehnsstaaten machte. — Aber auch Albrecht des Bären, des kraftvollen Stammvaters des askanischen Hauses, der 1134[1] mit der Nordmark[2] belehnt wurde, und seiner grossen Erfolge nach Osten hin wird man gedenken, wo man den Löwen rühmt.

Vollendet aber hat das grosse Werk der Wiedergewinnung des Ostens erst das 13. Jahrhundert, besonders wenn man darunter nicht blosse Eroberung und politische Zugehörigkeit, sondern Germanisation versteht. Dies erst ist die Zeit einer gewaltigen, ich möchte sagen in der Geschichte beispiellosen Kolonisation, einer nicht gewaltsamen, sondern friedlichen, aber so gründlichen deutschen Rückeroberung jener Länderstrecken, dass kaum Spuren des alten slavischen Volkstums übrig geblieben sind.[3] Und diese Zeit ist es auch, in der das deutsche, links der Elbe schon in kräftigster Blüte stehende Städtewesen seinen Einzug ins Wendenland hielt, ja sich noch weit über die heutigen Grenzen deutscher Zunge, nach Russland, Polen, Böhmen, Galizien, und Ungarn vorschob.

---

[1] Damals erst und wahrscheinlich zu Halberstadt erfolgte die formelle Belehnung durch Kaiser Lothar. Heinemann, Albrecht der Bär. S. 93.

[2] Später Altmark genannt. Die weitere Eroberung vollzog sich so: 1137 die Priegnitz, 1157 das Havelland, bis 1200 das übrige Land zwischen Havel, Spree und Oder, 1250 die Uckermark.

[3] Nach Meitzen, Ausbreitung der Deutschen in Deutschland (Jahrb. f. Nation. Oekon. Bd. 32) war der Stand um 1400 folgender: In Thüringen Königr. Sachsen kaum einige Reste von Slaven. Bei Zwickau-Altenburg-Pirna bis in die Nähe von Magdeburg starke slavische Bevölkerung. Mittel-Chemnitz im Westen und Norden rein deutsche Bevölkerung. Schlesien im Gebirge und am Gebirge viele Deutsche. In den Niederungen bei Glogau, Trebnitz, Oels viele Slaven. Pommern, Posen, Preussen zwar viele Deutsche, doch noch nicht in kompakter Masse. Vorpommern und die Mecklenburgischen Küsten, sowie auch der Küstenstrich des übrigen Pommern deutsch. Pommerelen und Masuren polnisch. Umgegend von Danzig und Bromberg deutsch. Rügen noch im 15. Jahrhundert stark slavisch.

Nur schwer wird man sich jemals eine klare Vorstellung von dieser eigenartigen, für Deutschlands Zukunft entscheidenden Epoche machen können!

An der Grenze des Slavenlandes, am einst trennenden Elbstrom lag das stattliche Magdeburg, zugleich die Metropole ausgedehnten Handels und kirchlichen Lebens; denn seinem Erzbischof unterstand der ganze Osten des heutigen Deutschlands. Und Magdeburger Stadtrecht vor allem war es, was nun jenen Hunderten von Orten übertragen ward, die von da an als deutsche Städte erscheinen, wenn auch ihre undeutsche Namensform auf -in, -itz, -en, -ow, -au und -gard an die slavische Vergangenheit erinnert. Neben diesem Magdeburger Recht, das tief nach Posen eindrang, fand grösste Verbreitung das Lübecker, beide entweder durch direkte Uebertragung oder indirekt durch eine an das Impfverfahren erinnernde Vermittlung schon bewidmeter Städte. Solche Vermittlerrolle haben für die Marken in vielen Fällen Stendal und Brandenburg gespielt; für Schlesien das schon 1214 mit Stadtrecht versehene Städtchen Neumarkt. — So erhielt Berlin sein Recht von Brandenburg und gab es weiter an Frankfurt a. O.

Nicht Chroniken, aber zahlreiche, meist genau datierte Urkunden geben zuverlässige Kunde von diesen Vorgängen: Die Fürsten der Mark, wie der verschiedenen slavischen Länder verleihen einer oder zwei, als locatores oder possessores bezeichneten Personen[1] das Recht, (mit deutschen Einwanderern) eine genannte Stadt nach deutschem Recht einzurichten, oder verleihen auch direkt einer Stadt das deutsche Recht und treffen in dem einen oder andern Falle eine Reihe von Bestimmungen über die Besitzungen, Rechte und Einnahmen, welche den Fürsten und den Bürgern in der nunmehr deutschen Stadt zustehen sollen.

Nach Ländern gesondert liegen uns diese meist «Stadtrechtsurkunden» genannten Dokumente in älteren und neueren Urkundenbüchern vor. Da ist für Schlesien die bekannte Urkundensammlung von Tzschoppe und Stenzel[2] aus den 30er Jahren, für Posen die treffliche Sammlung von Wuttke,[3] für Mecklenburg das Meckl. Urkundenbuch,[4] ferner die Urkundenbücher von Hamburg[5] und Lübeck,[6] für Pommern ausser Urkundenbüchern und älteren Publikationen das neue übersichtliche Buch von Kratz,[7] für die Marken die alten, noch immer mit Vorteil zu benutzenden Arbeiten von Riedel[8] und Zimmermann[9] neben neuern und ältern Einzelabhandlungen, die in den zahlreichen Provinzialzeitschriften und Vereinspublikationen aller jener in betracht kommenden Länder enthaltenen Mitteilungen. Es giebt nichts anziehenderes, als dies reiche urkundliche Material durchzusehen!

---

[1] Die wohl meistens für diese Erlaubnis bezahlen mussten, obwohl davon in der Urkunde nichts steht.
[2] Tzschoppe u. Stenzel, Urkundensammlung zur Geschichte des Ursprungs der Städte in Schlesien und Oberlausitz. Hamburg 1832. — [3] Wuttke, Heinrich, Städtebuch des Landes Posen. (Urkundensammlung und Text.) Leipzig 1877. — [4] Mecklenburgisches Urkundenbuch 1853. Schwerin. — [5] Lappenberg, Hamburgisches Urkundenbuch. Hamburg 1842. — [6] Hoffmann, Lübecksches Urkundenbuch. Geschichte der freien und Hansastadt Lübeck. Lübeck 1849. — [7] Kratz, Gustav, Die Städte der Provinz Pommern. (ed. Klempin. Berlin 1865. — [8] Riedel, Die Mark Brandenburg 1832. Riedel, codex diplomaticus. — [9] Zimmermann, Versuch einer histor. Entwickelung der märkischen Städteverfassungen. Berlin 1837.

Und doch ist gerade hier der Punkt, wo unsere, ich möchte sagen litteraturfreie, nur auf den Stadtplan gerichtete Betrachtungsweise ihren vollen Wert erhält.

Denn gerade diese Stadtrechts- oder Bewidmungsurkunden der Städte mit Magdeburger oder sonstigem deutschen Recht mit ihrer ausschliesslichen oder vornehmlichen Betonung der r e c h t l i c h e n Gründung von deutschen Städten haben im Allgemeinen und im Einzelfall der Meinung Vorschub geleistet, — dass es sich in den m e i s t e n Fällen auch nur um solch r e c h t l i c h e s Gründen oder Umändern b e s t e h e n d e r Gemeinwesen handle, auf Betreiben von zugewanderten Deutschen! Unterstützt wird diese früher und auch noch heute weit verbreitete Ansicht durch den begreiflichen Wunsch der Lokalhistoriker, ihren Städten auf Grund von Sagen oder allerlei guten, aber falsch verstandenen historischen Nachrichten ein möglichst hohes Alter (wenn auch nur im körperlichen und wirtschaftlichen Sinne) zu sichern. Besonders ist die Versuchung da gross, wo auch jene Bewidmungsurkunden fehlen, und das ist natürlich bei den meisten kleinen Städten die Regel.

Sogar der übliche lateinische Wortlaut derartiger Urkunden kommt so falscher Auffassung zu Hülfe, da in denselben die mit deutschem Recht auszurüstende Stadt bereits mit vollem meist slavischem Namen (aber mit folgender Gerundivkonstruktion) als S t a d t bezeichnet wird. Ich greife beliebige Beispiele heraus. Da heisst es in der am 22. Sept. 1268 von Herzog Heinrich von Schlesien ausgestellten Stadtrechtsurkunde für G r o t t k a u, nebenbei gesagt einem Muster von regelmässiger Anlage: Henrico c i v i t a t e m n o s t r a m Grodchow nuncupatam concessimus et indulsimus jure Theutonico collocandam in eodem loco, ubi nunc dinoscitur situata oder in der Urkunde für die Stadt N a u m b u r g am Queis, um eine Stadt deutschen Namens zu wählen, vom 11. Nov. 1233 notum esse volumus, quod Themoni civitatem Nuenburg jure Teutonico, quo Löwenberg privilegata est, locandam dedimus. Die Gründung von B r i e g, das, so alt es auch sonst sein mag, doch in seiner heutigen Gestalt nach unserm oben gegebenen Plan-Schema neu gebaut wurde, lautet (1250): esse volumus manifestum quod c i v i t a t e m n o s t r a m i n A l t a r i p a (Uebersetzung von Brzeg das Ufer) Heinrico de Richenbach sculteto… locandam contulimus. Oder von C ö s l i n: contulimus civitatem C u s s a l i n v o c a t a m ad possidendam.

Andere Urkunden lassen bei einiger Voreingenommenheit die Annahme einer blossen rechtlichen Umwandlung einer D o r f g e m e i n d e in eine S t a d t zu. Zum Beispiel heisst es in der Gründungsurkunde für M r o t s c h e n: de villa sua Mrocza dicta civitatem facimus, locamus transmittimus ac de jure polonico in jus teuthonicum, quod Magdeburgense dicitur transferimus. — Ganz selten ist hingegen von eigentlichem Erbauen mit Ausdrücken wie: construere, de novo aedificare oder dgl. die Rede. Als N e u b r a n d e n b u r g 1248 von Herbord von Raven nach deutschem Recht angelegt wird, heisst es:[1] quod nos Herbordo fideli nostro civitatem nostram Brandenborch novam … dedimus c o n s t r u e n d a m.

Noch deutlicher drückt sich das Privileg für eine, Königsberg (später B r o m b e r g) zu

---

[1] 1248 Januar 4. Spandau. Johann. Markgraf von Brandenburg, stiftet die Stadt Neubrandenburg. Mecklenb. Urkundenbuch I. Nr. 600, S 567

benennende Stadt aus: [1] immo damus et conferimus aream unam cum planicie sub castro Bidgoscza vulgariter dicto, vacuam et desertam pro locando seu plantando aut oppido jure theutonico Maideburgensi ibidem habendo et servando, quod oppidum **K u n i g e s b u r g d e b e t n o m i n a r i.**

So erklärt es sich wohl, dass Riedel,[2] der doch das ganze damals bekannte Urkundenmaterial beherrscht und im Uebrigen viel von den Locatoren als **G r ü n d e r n** von Städten spricht, nachdem er erwähnt hat, dass den neubewidmeten Städten meist 200—300 Hufen Landes als Feldflur zugewiesen seien, [was doch an sich schon auf völlige **N e u g r ü n d u n g** hinweist] sich so auslässt: «**E i n O r t , w o r a u f d i e S t a d t s e l b s t g e g r ü n d e t** werden sollte, wie dies hätte geschehen müssen, wenn die Städte von Grund aus neu erbaut worden wären, ist unter den einer Stadt überlassenen Grundstücken niemals erwähnt.» Und ähnlich drückt sich bei gleicher Kenntnis all der vielen Stadturkunden Zimmermann [3] aus: «Dies Gründen (d. h. das rechtliche) von Städten konnte nur bei den deutschen Städten in den ehemals slavischen Gebieten der Fall sein, und **s e l b s t b e i i h n e n** ist in den wenigsten Fällen das **E n t s t e h e n** als **E r b a u u n g**, sondern als Privilegierung schon vorhandener Orte zu erweisen.» Noch **K r a t z**, der oben zitierte Bearbeiter des Pommerschen Städtebuchs, ist trotz des bereitwilligen Zugeständnisses, dass viele kleine Städte von Grund aus neu erbaut seien, bei der Ansicht stehen geblieben (S. XXXIX), dass bei den grösseren Städten «die Beleihung der Stadt mit deutschem Stadtrechte nur den Schlussstein gebildet habe, der eine allmählich und von selbst entstandene (allerdings) deutsche Kolonie [4] zu dem Range einer freien Stadt erhob», und rechnet zu diesen ausser den alten Burgflecken z. B. Demmin (?), wo schon früher ein Handelsverkehr bestand, Städte wie: Stralsund (!) Anclam (!) Greifswald (!).[5]

Nach dem, was wir vorher über den regelmässigen Stadtplan und seine, wenn auch nur unvollständig festgestellte Häufigkeit mitteilen konnten, bedarf es keiner Worte der Entgegnung! Im Einzelfall ebenso wie für ganze Reihen von Städten ist angesichts eines derartigen Stadtplans jeder Versuch, die Entstehung der Stadt (d. h. ihre äusserliche) so oder so anders zu erklären, zurückzuweisen. Und wo die Bewidmungsurkunden nicht mehr vorhanden sind — und das ist doch bei der grössten Anzahl der Städte der Fall (z. B. fehlen sie aus dieser Zeit ganz für die Oberlausitz, zum grössten Teil für Schlesien, und erreichen für Posen, das später 149 Städte hatte, nur die bescheidene Zahl von 41 aus der Zeit vor dem Jahre 1400) — da tritt an ihre Stelle als noch vorhandene Urkunde jener S t a d t-

---

[1] Urkunde von 1346 April 19. Wuttke Nr. 24. S. 25. Vgl. dazu den Artikel B r o m b e r g (dieser, nicht der in der Urkunde vorgeschlagene Name bürgerte sich ein) S. 275.

[2] Riedel, Mark Brandenburg II, 200.

[3] Z i m m e r m a n n , Versuch einer historischen Entwickelung der Märkischen Städteverfassungen. pg. 11. Seite 26, Anmerk. 33 desselben Buches heisst es von P o m m e r n : „merkwürdig ist die Städtegründung oder v i e l m e h r die Rechtsbewidmung in Pommern."

[4] Hierauf müssen wir unter Stettin (S. 33) zurückkommen.

[5] Vgl. die Pläne dieser Städte.

plan und bezeugt erstens, dass solche Stadt eine deutsche Neugründung, will sagen Neuerbauung war, und weist dieselbe zugleich, wie später noch mehr erläutert wird, in eine
annähernd bestimmte Zeit.

Dies, wie ich zunächst sagen will, häufige Zusammentreffen der für alle Städte
der früheren Slavenländer anzunehmenden rechtlichen deutschen Gründung mit baulicher Neugründung ist mehr noch als das früher Gesagte geeignet, uns eine grossartige Vorstellung von den Leistungen eines Jahrhunderts zu erwecken, das manchem immer nur in
dem trübseligen Lichte der Interregnumszeit erscheinen ist!

Gern würde ich diese Bewunderung noch durch ganz bestimmte Angaben über die
Zahl der zweifellos in solcher Weise zwischen der Elbe und dem Memel erbauten Städte vermehren, wenn das mir zu Gebote stehende Material solche Statistik zuliesse! Schätzen möchte
ich die Zahl auf mindestens 300.

Hervorheben möchte ich auch bei dieser Gelegenheit als einen Beweis von der Rührig-
keit und der Schaffensfreudigkeit dieser Kolonisationszeit, dass in jeder dieser — nun ich
will wieder sagen — 300 Neuanlagen doch eine oder mehrere Kirchen, oft gewaltige Bauten,
in gotischem Backsteinstil entstanden, so dass also in kurzer Zeit gegen 500 grössere Stadt-
kirchen aufgeführt wurden. Ich erinnere an die prächtigen Kirchen zu Wismar, Rostock,
Stralsund. Neubrandenburg, Malchin; auch die grossartigen Dome von Doberan, Schwerin,
Lübeck, gehören dieser Bauperiode an. (Vgl. die Anmerkg.[1] zu den Thorbauten S. 20.)

Ja, wie heutzutage jeder zu schnelle wirtschaftliche Aufschwung die Gefahr der
Ueberproduktion in sich trägt, so hat es auch damals nicht an solcher gefehlt. Besonders im ferneren Osten sind eine Anzahl von kleinen Städten fast ebenso schnell
wieder verschwunden, wie sie entstanden waren. Manche Stadt-Projekte kamen überhaupt
nicht zur Ausführung. Auf diese Erscheinung möchte ich auch beziehen, was eine Urkunde
aus dem Jahre 1248 [1] von Güstrow in Mecklenburg erkennen lässt. Hier war offenbar neben
der ersten deutschen Stadt, die nun schon als Altstadt erscheint, eine zweite, eine Neustadt,
angelegt, von denen nun keine prosperierte. Deshalb gestattete Fürst Nicolaus, letztere
völlig abzubrechen (funditus destruere) und erst die Altstadt (welche offenbar ganz abgesteckt,
aber nicht ausgebaut war) mit ansehnlichen Gebäuden zu füllen (aedificiis honestis replere et
sublevare). Ebenso ist hier zu erinnern an das oben erwähnte Vorkommen halber oder noch
unvollkommenerer Anlagen, die wohl den gewünschten Aufschwung nicht nahmen.

Von Pommern, wo besonders gute Ueberlieferung vorliegt, kann ich mit Hülfe des
oben genannten Buches von Kratz wenigstens nach einer Richtung statistische Angaben
machen, nämlich, wann und wie viele Städte mit deutschem Recht bewidmet sind.

Pommern zählt heute 73 Städte. Davon sind in dem Zeitraum von 1230—1300 nach
meiner Zusammenstellung 41 [2] mit deutschem (meist Lübeckschem) Stadtrecht ausgestattet,

--- — —

[1] Mecklenb. Urkundenb. I. Nr. 607. Urkundenb. v. 1. Juli 1248. Es waren also hier zwei Städte nach
dem üblichen Schema abgesteckt, wie in Rostock drei, die dort alle zur Blüte kamen.

[2] Anclam, Barth, Bahn, Belgard, Camin, Cöslin, Colberg, Damgarten, Dam, Demmin, Dramburg,

(also über die Hälfte), 20[1] Städte von 1300—1400 und 12 Städte nach 1400 entstanden. Käme hierzu ergänzend eine Betrachtung der Pläne, von denen mir leider nur 12 vorlagen, darunter allerdings die besten Beispiele für diese Anlageart, so würde man mit Sicherheit entscheiden können, ob immer oder bis zu welcher Zeit rechtliche und bauliche Anlage zusammenfielen.

Eine gleiche Erhebung nach Wuttke über Posen, dessen Städteurkunden leider meistens verloren gegangen sind, ergiebt mit einiger Sicherheit 17 Städte für das 13. Jahrhundert, 25 für das 14., während von den übrigen der 140 von Wuttke behandelten Städte entweder keine oder ganz späte Entstehungszeiten bekannt sind. Hier wäre die Planstatistik noch wünschenswerter; ich sah eine ganze Anzahl vorzüglicher Beispiele, neben vielen krummen Anlagen.

Wenige Urkunden liegen auch von Mecklenburg vor; sie, wo vorhanden, zu ergänzen, oder wenn sie verloren, auf die vorgeschlagene Weise zu ersetzen, wäre angesichts der kleinen Zahl von gegen 50 Städten mit dem nötigen Material eine kleine Arbeit. Ich will nur bemerken, dass ich eine Reihe vorzüglicher Beispiele fand,[2] und dass im ganzen sich hier die Städtegründung und, wie ich meine, auch die Städteerbauung ziemlich früh und schnell bis um die Mitte des 13. Jahrhunderts vollzogen hat.

Aehnlich steht es in der Provinz Brandenburg,[3] wo ja Berlin — Cölln (bewidmet 1237) in dem Kern ihres Planes noch heute den besten Beweis liefern, dass von Entwicklung aus Fischerdörfern garnicht die Rede sein kann, sondern nur von planmässiger, mit der Bewidmung gleichzeitiger oder, wie man hier und anderswo immer richtiger sagen müsste, der Bewidmung folgender Erbauung zweier Städte![4] Dass Berlin dann ausserdem das Glück gehabt hat, mit seinen Erweiterungen solange warten zu können, bis wieder ein gewisser Sinn für regelmässige Strassenzüge vorhanden war, und dass es daher heutzutage in seinem Plan ein ziemlich einheitliches Bild bietet, ist bereits oben angedeutet.

Ferner würden genaue Erhebungen bezüglich des Stadtplans vielleicht die Beantwortung einer wichtigen Frage möglich machen, die sich nach dem bisher Gesagten aufdrängen muss,

Garz a./O., Golnow, Greifenberg, Greifenhagen, Greifswald, Grimmen, Labes (?), Lassan, Loitz, Massow Nörenberg (?), Pasewalk, Penkun, Plate Pölitz, Pyritz, Regenwalde, Richtenberg, Rügenwalde, Schievelbein, Stargard, Stettin, Stralsund, Treptow a./R., Treptow u.Toll. Tribsees, Ückermünde (?), Usedom, Wolgast, Wollin. (Bei den gesperrt gedruckten wurde die regelmässige Anlage von mir festgestellt.)

[1] Nämlich: Bublitz, Bütow, Callies, Dabor (?), Falkenberg, Fiddichow, Freienwalde, Garz a/Rg., Götzkow, Jarmen, Lauenburg, Loba, Naugard, Neustettin, Neuwarp (?), Polzin (?), Schlawe, Stolp, Zanow.

[2] Aus beiden Mecklenburg nenne ich als mir bekannte derartige Pläne: Boizenburg, Bützow, Fürstenberg, Friedland, Gnoien*, Grabow, Güstrow (1228), Malchin* (1286 April 7), Neubrandenburg* (1248), Neukalen, Ribnitz*, Rostock*, Strelitz, Teterow, Wesenberg, Waren. (Die mit * versehenen sind besonders gute Beispiele.)

[3] Aus Brandenburg erwähne ich nur als besonders charakteristisch: Templin, Wittstok, Gransee, Zehdenick, Lenzen. Sehr schöne und zahlreiche Beispiele liefert Schlesien. Vgl. einzelne unter den Planskizzen.

[4] Denn die Bewidmung geht der Erbauung und ganzen Einrichtung voraus, wie denn überhaupt in diesen Stadturkunden dem Charakter mittelalterlicher Vertragsurkunden gemäss, immer nur das gesagt wird, was noch zu geschehen hat, noch geleistet werden muss, wohingegen die bereits geleistete, oft grosse Kaufsumme für die Erlaubnis der Stadtbegründung und den etwa zugewiesenen Acker niemals erwähnt wird. Vgl. Zimmermann S. 16.

vorläufig aber keine Erledigung finden kann, nämlich: Ob deutsche Stadtgründung und Stadterbauung i m m e r Hand in Hand gehen, ob von beiden Vorgängen einer den andern bedingt, ob sie in einem i n n e r l i c h e n Zusammenhang stehen, so zwar, dass man nicht bloss aus dem Vorhandensein solches regelrechten Planes auf Neuerbauung und deutsche Bewidmung, sondern auch aus dem (vielleicht sogar mit Tag und Jahr) bekannten Faktum letzterer ohne Kenntnis des Plans auf die Neuerbauung schliessen darf? — So allgemein gestellt, ist die Frage schon mit unsern Hülfsmitteln zu v e r n e i n e n. Denn, um es hier ausdrücklich hervorzuheben: es finden sich auch in unsern altslavischen Gebieten schon bei unvollständiger Durchsicht der Pläne eine ganze Anzahl höchst unregelmässiger und winkliger Stadtanlagen, während es doch auch ohne Untersuchung im Einzelnen als feststehend betrachtet werden muss, dass auch sie in rechtlichem Sinne d e u t s c h e, und zwar bewidmete deutsche Städte sind.

Beschränkt man aber die Frage z e i t l i c h, etwa auf das 13. und 14. Jahrhundert, so scheint mir eine bedingte B e j a h u n g nicht ausgeschlossen und damit dann ein wertvolles Hülfsmittel für die Geschichte der vielen urkundenlosen Städte gewonnen zu sein.

Man würde dann bei letzteren z. B. sagen können: 1. Diese und jene Stadt gehört nach ihrem regelmässigen, schematischen Bauplan unbedingt zu jenen früheren Gründungen; oder 2. Der ganz krumme, unregelmässige Stadtplan weist diese oder jene, allerdings wie alle übrigen mit deutschem Recht bewidmete Stadt in eine f r ü h e r e oder, was (z. B. in Posen) das weitaus gewöhnlichere sein wird, in eine v i e l s p ä t e r e Z e i t.

* * *

Doch noch eine Reihe anderer, zum Teil besser zu beantwortender Fragen, knüpfen sich an die bisher über die ostdeutschen Stadtpläne und Stadtgründungen gemachten Beobachtungen.

So erwähnten wir oben, dass die Lokalgeschichtsschreiber selten der Versuchung widerstehen können, für ihre Stadt, und zwar oft mit Hülfe an sich guter historischer Nachrichten, ein möglichst hohes Alter nachzuweisen, und das führt uns zu der Frage, die gewiss Manchem, der sonst diesen Dingen fern steht, schon gekommen ist: ob denn die Slaven v o r der deutschen Einwanderung gar keine S t ä d t e gehabt haben? — Gewiss hatten sie S t ä d t e, d. h. Niederlassungen, die w i r t s c h a f t l i c h und wohl auch äusserlich entschieden etwas anderes vorstellten als blosse Dörfer und deshalb die mittelalterlichen Geschichtsschreiber und Chronisten,[1] welche von den Slavenländern berichten, zu Bezeichnungen wie: urbs, oppidum, civitas, veranlassten. Es waren Orte des Handels und einer gewissen Gewerbthätigkeit, Märkte und Stapelplätze für Waren an den grossen, schon seit ältester Zeit die östlichen

---

[1] Civitates, urbes werden erwähnt bei den Sorben, Obotriten und Moravern z. B. im Chronicon Moissacense an. 800, 808, 809. Annales Fuldenses an 871. Thietmar von Merseburg an. 1005.

Länder durchziehenden Handelsstrassen, Orte des aufblühenden Seehandels an der Ostsee und an der Mündung der grossen Ströme. Meist war eine schützende Burg in der Nähe oder es deckten die «Stadt» selbst Befestigungen, so dass unsere Quellen denselben Ort bald als oppidum oder urbs, bald als castrum, munitio oder fortalicium bezeichnen, während suburbium nur einem nicht befestigten Stadtteil zuzukommen scheint. Auf slavisch hiessen solche Plätze wohl, wenn sie befestigt, d. h. mit Gräben und Plankenmauer versehen waren, grod (gard).

Auch von einer gewissen r e c h t l i c h e n Existenz, allerdings nach «slavischem Recht», dieser von dem Dorfe verschiedenen Gemeinwesen kann man reden, insofern nämlich, als sie allerlei von den Fürsten verliehene, insbesondere auf Markt, Handel und Gewerbe sich beziehende Einrichtungen besitzen, die äusserlich an spätere Zustände erinnern. So gab es dort damals wie später Fleisch-, Brot-, Schuhbänke (Verkaufsstände) auf dem Markt, Salzhallen und Krüge (Wirtshäuser), von denen die Fürsten grosse Abgaben erhoben, und die sie deshalb begünstigten.[1]

Und dabei ist durchaus nicht bloss an grosse alte Städte zu denken, wie Breslau, Posen, Gnesen, Krakau, deren Namen uns ja schon in der allgemeinen Geschichte zu Zeiten Kaiser Ottos I. und seiner Nachfolger begegnen, und die als volkreiche Orte geschildert werden; sondern auch kleine und kleinste Städte von heute sind in solcher Art bereits in den frühsten heidnischen und slavischen Zeiten bezeugt. Kyritz, Wittstock, Putlitz werden 946 als civitates oder urbes genannt, ebenso das nicht mehr existierende Müritz am Müritz-See. Das kleine C a m i n erscheint 1188 als civitas Camyn cum taberna et foro, mit der Hinzufügung, es sei populosior et securior als W o l l i n oder J u l i n, das schon 991 genannt, später ein bedeutender Handelsplatz an der Ostsee war und 1124 gelegentlich der Missionsreise Ottos von Bamberg als urbs magna und 1140 als civitas Wollin cum foro et taberna erwähnt wird. D e m m i n,[2] heute ein wahres Musterbild regelmässiger Stadtanlage, spielte eine grosse Rolle in den Kriegen Heinrichs des Löwen. Im Jahre 1147 musste sein und Albrechts des Bären Heer von 60 000 Mann von der Belagerung dieser festen und grossen Burg abstehen. Neben castrum potentissimum, inexpugnabile, insigne et nobile erscheint es auch als urbs. P r e n z l a u kommt 1188 vor cum foro et taberna, in gleicher Weise eine ganze Reihe anderer. Aus Schlesien, von wo schon im 9. Jahrhundert berichtet wird, dass es 15 Städte habe, nenne ich hier noch Glogau[3] und Brieg, und aus Posen, (wo im 13. Jahrhundert der Bischof Bogufal schreibt: Consuetudinis enim est Slavorum civitates vicos (-wice) appellare; vicus enim est in Slavonico proprie civitas, in qua forum exercetur) seien fürs 11. Jahrhundert ausser den oben genannten erwähnt: Kruschwitz, Meseritz, Filehne, Usch, Wissegrod, Gedetsch, bei welchen allen eine Burg den Kern und die Stütze der slavischen Ansiedelung bildete.

---

[1] Cf. W u t t k e S. 181. cf. T z s c h o p p e - S t e n z e l S. 8. S. 100.

[2] Vgl. Kratz u. Stolle.

[3] G l o g a u, 1250 gegründet, mit sehr regelmässigem Grundplan ist als „slav. Stadt" mit macella, tabernae und fora im XI. u. XII. Jahrh. erwähnt.

Und doch, was ist aus all' solchen historisch aufs beste beglaubigten slavischen Stadt-ansiedelungen geworden?

Blicken wir zunächst auf die kleineren Orte slavischer Vorexistenz! Ihr Stadtplan zeigt nur das obenbeschriebene regelmässige Planschema, das ja nur deutsch sein kann, und keine altslavische Anlage. Und gerade diesen nur aus so regelrechter Anlage be-stehenden Städten ist die Lage der Pfarrkirche auf dem Markte oder in der Nähe desselben auf einem ähnlichen Platz charakteristisch. Ihr Platz ist offenbar gleich beim ersten Abstecken der Stadtanlage ausgespart. — Nur Flurnamen, Sage, Ueberlieferung, ja hier und dort auch die stattlichen Reste eines Burgwalles im nahen Wiesengrund verraten noch heute die Lage der «slavischen Stadt». So befand sich dieselbe z. B. in Rostock[1] der heutigen Stadtanlage gegen-über an dem jenseitigen (dem rechten) Warnowufer, in der Sumpfniederung der jetzigen Petri-bleiche, wo noch 1286 der alte Burgwall und die alte, schon damals nur noch Wendisch-Wik genannte Ansiedlung vorhanden waren, die in dem genannten Jahre von der inzwischen erbauten deutschen Stadt durch Kauf erworben wurden. Aehnlich ist's mit Demmin, das heute nur einen regelmässigen Stadtplan, und zwar besten Musters, aufweist, und den meisten Mittelstädten. — Also kann auch in solchen Fällen der Lokalhistoriker verständigerweise seiner Stadt kein über die Kolonisationszeit hinausgehendes Alter beilegen, da doch nur der Name, und ausser diesem nicht einmal der Standort, der Grund und Boden der Stadt selbst mit der früheren slavischen Ansiedlung identisch ist, was doch viele südwestdeutsche Städte römischer Vorgeschichte für ihr höheres Alter geltend machen können.

Deshalb stehe ich auch nicht an, keinen Unterschied zu machen zwischen diesen nur aus regelmässiger Anlage bestehenden Städten slavischen Namens mit oder ohne bekannte slavische Vergangenheit und den sogenannten Gründungen «wilder Wurzel»[2] ohne slavische Vergangenheit und Namen, wie Neubrandenburg, Greifswald, u. s. w. Der einzige Unterschied ist doch meist nur der, dass wir bei letzteren den slavischen Namen des Ortes oder der Orte, welche früher auf der Feldmark lagen, nicht mehr kennen.[3] Häufig ist der deutsche Name auch nur eine Uebersetzung oder Umänderung[4] eines slavischen.

Wenn nun hier und da in kleinen Städten mit so regelmässiger Anlage im Volke das

---

[1] Koppmann: Geschichte der Stadt Rostock. Rostock 1887, S. 1 ff. Doch vermag ich abweichend von Koppmann aus der Urk. v. 8. April 1189 nicht zu entnehmen, dass der dort erwähnte Markt (qui negocien-tur in foro nostro) bereits auf dem linken Warnowufer an der Stelle des heutigen alten Marktes stattge-funden, bezüglich gelegen habe. Jedenfalls halte ich denselben nur für einen slavischen oder slavisch-deut-schen Markt, wie er an der Mündung dieses schiffbaren Flusses ja sicher seit lange (und dann doch wohl bei der auf dem rechten Ufer unter dem Schutz der Burg liegenden alten Rostocker Ansiedlung) bestanden hatte, und nicht für den Anfang einer deutschen Stadt.

[2] Dieser Unterschied wird sonst überall, wo von nordostdeutschen Stadtgründungen die Rede ist, stark betont, begreiflicherweise, da man sich der Allgemeinheit der Städteerbauung nie genügend bewusst geworden.

[3] Z. B. sind auf der Neubrandenburger Feldmark ein oder gar mehrere Dörfer bezeugt. Besser noch ist das Beispiel von Bromberg, das 1346 „aus wilder Wurzel" mit regelmässigem Stadtplan auf wüstem Land erbaut wurde an der Stelle des untergegangenen Ortes Bydgoszcza, und eigentlich Königsburg heissen sollte.

[4] Die heutige Stadt Bernstadt z. B. ward im Anschluss an den slavischen Ort Liegnitz gegründet und anfangs Fürstenwalde, dann Bernstadt genannt. (Tschoppe u. Stenzel. Nr. 50. Urkde. v. 1266.)

Gerede geht, die Stadt sei einst viel grösser gewesen, habe bis da oder dorthin in der Feldmark gereicht, so ist das nicht auf den heutigen, in sich abgeschlossenen Stadtplan[1] zu beziehen, sondern mag als eine Erinnerung an die verschwundene «Slavenstadt» gelten.

Wo eine «städtische» Vorexistenz nicht urkundlich oder chronikalisch belegt ist, wird man jedoch gut thun, trotz solcher «Erinnerungen» immer anzunehmen, dass es nur ein einfaches slavisches Dorf war, dem die heutige Stadt ihren Namen verdankt. Denn das ist doch bei weitem das häufigere, ja geradezu die Regel, dass an der Stelle eines slavischen Dorfes eine deutsche Stadt erbaut wurde.

Und während es bei «städtischer» Vorexistenz immerhin auffallen kann, dass man sich nicht an das Vorhandene einfach anschloss und dasselbe mit zweckentsprechenden Aenderungen als deutsche Stadt fortsetzte, wird man es bei den blossen Dörfern (oder auch blossen Burgen) natürlich finden, dass die Ansiedler sofort eine ganz neue Anlage absteckten und aufbauten, und zwar nicht gerade auf dem Fleck des alten Rundlingsdorfes, obwohl dessen Flur vielleicht g a n z die ihre wurde, sondern seitlich davon in der Nähe. Bestand dies Dorf häufig auch nach dem Stadtbau weiter, so verschwand es doch meistens bald, seinen Namen einzig der Stadt überlassend, wenn dieselbe in unmittelbarer Nachbarschaft erbaut war. Das alte, längst verschwundene Rostock erwähnte ich schon; bei Waren i. Meckl., um von den zahllosen Beispielen noch eins zu nennen, erinnert südwestlich von der Stadt am See der Flur-Name: «Alt-Waren» an die Stätte des alten Wenden-Dorfes oder der alten Wenden-Burg Waren.

Hat die Dorfansiedelung sich trotz der Stadt behauptet (wohl, weil sie entfernter lag und einen T e i l ihrer Feldmark behalten hatte), so hat sie meist im Gegensatz zu letzterer gleich damals den Zusatz Alt- oder Wendisch-[2] erhalten, der sie heute noch kenntlich macht. Der deutsche Name mancher Städte, besonders in Schlesien, spricht n i c h t gegen solche Anlehnung an ein slavisches Dorf: denn er ist häufig nur die Uebersetzung eines älteren slavischen.

Betrachten wir hingegen die Grundpläne g r o s s e r altslavischer Städte wie etwa Posen und Breslau, die schon im 10. Jahrhundert als volkreiche Verkehrs- und Handelsstädte genannt werden, so bieten sie ein wesentlich anderes Bild: Der von modernen und mittelalterlichen Erweiterungen (Einverleibungen) umgebene Kern der heutigen Stadt Breslau oder Posen[3] hat etwa das Aussehen von Demmin oder einer andern kleinen Stadt und beweist unwiderleglich, dass d i e s e Stadt Breslau oder Posen von Deutschen n e u e r b a u t ist.

---

[1] Es müsste denn gerade eine Neuanlage wieder eingegangen sein. (vgl. S. 26 Güstrow.) Vielleicht ist das auch in Demmin der Fall, von dem S t o l l e: Gesch. d. Stdt. Demmin sogar einen weit grösseren regelmässigen Plan zeichnet. Wahrscheinlich ist es mir auch dort nicht!

[2] In den älteren Urkunden erscheinen noch weit mehr solche mit Alt- oder Wendisch- bezeichnete Orte. Dieselbe Unterscheidung ist übrigens auch in all den vielen Fällen eingetreten, wo deutsche Ansiedler neben einem slavischen Dorf ein neues, deutsches Dorf gleichen Namens angelegt haben.

[3] Im Jahre 968 erhob Kaiser Otto I. Posen zum Bistum, das zunächst dem Magdeburger Erzbistum unterstand, bis im Jahre 1000 Otto III. das Erzbistum Gnesen gründete. Thietmar von Merseburg nennt Posen um 1005: civitatem. 1060 zerstörte Herzog Bretislaw von Böhmen die Stadt. Nach 1241 (also vor der

Aber seitwärts davon, getrennt sogar durch den Strom, liegt ein anderer alter, regelloser Stadtteil, und in seiner Mitte erhebt sich der Dom und Bischofsitz. — Es ist klar, hier ist die alte slavische Ansiedlung, die einst so wichtig war, dass man sie zum Sitz eines Bistums erkor, erhalten geblieben, und zwar deswegen, weil eine längst bestehende christliche Pfarrei (hier sogar eine Metropolitankirche) ihr einen allen Wechsel überdauernden Bestand verlieh. [1]

Zum Kirchspiel des Domes gehörte denn in Posen anfangs auch die 1253 durch Thomas von Guben neugegründete Stadt auf dem westlichen Wartheufer. Diese ursprüngliche kirchliche Abhängigkeit spiegelt sich noch heute in dem Stadtplan; denn dort wo, wie wir mehrmals erwähnten, die Stadtpfarrkirche stehen sollte, im Zentrum, d. h. am Markt oder in dessen Nähe, fehlt sie hier. Für sie brauchte beim Abstecken des Plans kein Platz vorgesehen zu werden, und als dann doch die Neustadt, aus dem Pfarrzwang der Domkirche entlassen, zehn Jahre später eine eigene Pfarrkirche erbaute, geschah es an anderer Stelle, nämlich an der Peripherie der neuen Anlage. — Die gleiche Erscheinung mit der gleichen Ursache zeigt [2] (ursprünglich) auch der Grundplan von Dresden; doch hat diese heutige Grossstadt keine städtische Vorexistenz aufzuweisen. Hier war vielmehr die Dorfkirche von Altdresden, die heutige Frauenkirche, die Pfarrkirche der Stadt [2] und machte das Aussparen eines Kirchplatzes in der Neuanlage unnötig. — Aehnlich hätte auch in Rostock die Existenz der auf dem rechten Warnowufer in Alt-Rostock (Wendisch-Wik) beglaubigten Clemenskirche wirken können. Doch vermag ich nicht zu sagen, ob diese 1293 abgebrochene Kirche wirklich schon vor der Stadtanlage existiert hat. Jedenfalls ist in der dreifachen Rostocker Anlage gleich auf die Kirchplätze Bedacht genommen.

Erwähnt sei noch in diesem Zusammenhang, dass anfangs derartige Neuanlagen im Gegensatz zu den vorhandenen slavischen Ansiedlungen die Bezeichnung Neu-, jene den Zusatz Alt- erhielten und oft jahrhundertelang führten. Die heutigen Benennungen Alt- und Neustadt sind jedoch immer mit grosser Vorsicht aufzunehmen; denn meist ist der Verlauf der gewesen, dass die Neustadt später angesichts noch neuerer Anlagen oder Erweiterungen (Einverleibungen) den Namen Altstadt annahm, während für die immer mehr an Bedeutung verlierende, eigentliche (slavische oder slavisch-deutsche) Altstadt irgend eine andere Bezeichnung in Gebrauch kam. Von den vielen Beispielen, die jedem hierzu einfallen werden, nenne ich wieder nur Breslau und Posen, deren Neustadt jetzt Altstadt heisst. [3]

1253 erfolgten Gründung des heutigen Posens auf dem linken Ufer heisst es von Herzog Premisl: Roedificavit castrum et civitatem Poznaniensem circa ecclesiam majorem (also um den Dom herum.) Basko, Forts. der Chronik des Bogufal, vgl. Wattke, S. 383.

[1] Auch die Ansiedlungen um die Martinskirche und Adalbertkirche, welche vor der Gründung der Neustadt bestanden und von ihrem Kirchengut erst Boden zu derselben hergeben mussten, werden wohl auf die slavische Zeit zurückgehen. Vgl. hierzu auch den Stadtplan von Stettin und das unten S. 33 über dessen Entwicklung Gesagte. Auch hier haben bestehende Pfarreien den Bestand der Ansiedlung gesichert (S. Jakobi, S. Petri), die vor der Bewidmung mit deutschem Recht bestanden.

[2] Vgl. Richter, Otto, Verfassung der Stadt Dresden. 1885. S. 3. Vgl. auch unten S. 33. das Beispiel v. Stettin.

[3] An Ansehen und Bedeutung, ja auch an Bevölkerung mussten, trotz solcher Domkirchen, diese ur-

Konnte ich es schon oben als auffallend bezeichnen, dass nicht bloss bei und anstatt früherer D o r f ansiedlungen ganz neue Stadt e r b a u u n g e n stattfanden, sondern auch dort, wo städtische Ansiedlungen mit Märkten, Handel, Verkehr und kirchlichen Institutionen längst bestanden hatten, so müssen wir nun, wo wir durch Beispiele noch genauer davon unterrichtet sind, billig fragen: Warum in aller Welt geschah das? Genügte es nicht an solchen Orten, die doch durch ihre Lage, sowie etwa durch das Vorhandensein von Verkaufsplätzen, Lagerräumen, Schuh-, Fleisch-, Brotverkaufsstellen städtischem Leben entgegenkamen, die neuen deutschen Rechtsformen, das deutsche (Magdeburger-) Stadtrecht zu etablieren und daselbst den zuwandernden oder herbeigerufenen Deutschen Gelegenheit und Plätze zur Ansiedlung zu geben? — So wären einige neue, vielleicht auch gerade Strassen, dazu auch ein neuer geräumiger Marktplatz entstanden; aber im ganzen wär's doch der alte Ort geblieben!

Die bequeme Erklärung, dass die zuwandernden deutschen L e u t e das dringende Bedürfnis hatten, sich eine neue selbständige Stadt zu erbauen, oder dass sie nicht mit den Slaven zusammen wohnen wollten, ist jedenfalls nicht zutreffend. Denn erwiesenermassen wohnten in vielen slavischen Städten schon längst v o r d e r E r b a u u n g deutscher Städte deutsche Ansiedler, Kaufleute und Gewerbtreibende, wie das ja durch den seit alters mit dem Slavenland bestehenden Handel fast selbstverständlich ist. So wohnten in Alt-Posen (der Schrutka) in der Domgegend längst Deutsche. Ebenso hatte, um eine Seehandelsstadt zu nennen, S t e t t i n als slavischer Handelsort [1] lange zahlreiche deutsche Einwohner. 1187 wird für diese sogar (coram multo populo Theutonicorum et Slavorum) eine Kirche, die Jacobikirche, gegründet, die auch fortan ecclesia Theutonicorum genannt wird. Und doch ist auch hier in S t e t t i n , das verhältnismässig viel aus seiner «alten» Zeit erhalten hat, [2] eine solche schematische Stadtanlage vorhanden, und diese nicht, wie wir's in Posen und Breslau sahen, abseits der alten Ansiedlung, sondern derselben benachbart, ja mitten in derselben. — Es ist dies der (übrigens begreiflicherweise ohne Kirchplatz angelegte) S t a d t t e i l um den neuen Markt unten am linken Oderufer, und es scheint mir erwiesen, [3] dass derselbe angelegt

spränglichen Niederlassungen gleichen Namens bald verlieren, da ihnen von den nur noch für das Aufblühen der Neustadt interessierten Fürsten frühere Rechte entzogen wurden. So durfte in Posen bald nur noch in der Neustadt Markt abgehalten, nur in letzterer Tuch verkauft werden, während der Handwerksbetrieb noch weiterhin gestattet wurde. (W a t t k e, S. 394.) Ferner wurden geradezu Einwohner der „alten Stadt" zur Uebersiedlung in die neue veranlasst.

[1] Stettin ist sehr früh als namhafte slavische Handelsstadt bezeugt. Im 11. Jahrhundert gilt es als grösste Stadt Pommerns (principatum omnium Pomeraniae civitatum obtinens. Monum. Germ. XIV, vita Ottonis Bamberg, und 1140 schon erscheint es als castrum Stetin cum taberna et foro; auch christliche Kirchen werden sehr früh hier genannt (1124) vgl. K r a t z , S. 376 ff.

[2] Und zwar auch hier deshalb, weil bereits christliche Pfarreien vorhanden waren. S. oben: Posen, Breslau.

[3] In der sonst auch bei völligen Neugründungen üblichen Weise wurden der Stadt 100 Hufen und 80 Hufen ausgesetzt. 1245 ward erlaubt, das übliche Kaufhaus theatrum auf dem Marktplatz zu erbauen. 1249 gab der Herzog der Stadt das nordwestlich von dieser „Neuanlage" liegende Terrain, auf dem die auf Wunsch der Deutschen abgebrochene Burg gestanden hatte, das aber dann, wohl weil die Stadtanlage noch keine anfangs beabsichtigte Erweiterung nötig hatte, 1263 von ihr an die Domherren zur Erbauung der Marienkirche

wurde, als Stettin rechtlich eine Stadt wurde, d. h. gleichzeitig mit der Bewidmung der Stadt mit Magdeburger Stadtrecht im Jahre 1243. (Urkunde Herzog Barnims I [1] vom 3. April.)

Ob diese so entstandene deutsche Stadtanlage Stettin einen rechtlichen und zunächst gar einen äusserlichen Abschluss (Mauer, Wall, Graben od. dergl.) gegen das übrige Stettin erhielt, wie es sonst üblich war, vermag ich mit meinen Hülfsmitteln nicht zu entscheiden.

Das aber scheint mir aus diesen Beispielen, im Verein mit früherer Beobachtung, hervorzugehen, dass, wo sich solche schematischen Neuanlagen finden, sei's in und bei älteren Ansiedlungen, sei's völlig allein, das d e u t s c h e S t a d t r e c h t, die Erhebung zur deutschen Stadt, sie hervorgerufen hat und nicht die Deutschen als solche. Und dies mag zugleich ein Beitrag sein zur Beantwortung der früher aufgeworfenen Frage, ob das deutsche Stadtrecht in solchem Zusammenhange mit diesen Neuanlagen stehe, dass es sie, wenigstens während einer erst abzugrenzenden Zeit, geradezu verlangte und bedingt, oder ob es zu a l l e n Zeiten auch ohne solche auf alte Städte übergegangen sei.

Und wer das Mittelalter und seine, ich möchte sagen, weniger abstrakte Art zu denken kennt, wird auch in diesen N e u a n l a g e n nur das jener Zeit charakteristische Bestreben wiedererkennen, r e c h t l i c h e n Vorgängen auch ä u s s e r e Vorgänge entsprechen zu lassen, neuen Rechtsformen und Rechtsabgrenzungen auch einen körperlichen, sichtbaren Ausdruck zu geben.

*   *
*

Der Schlusssatz der obigen Erörterung erklärt allenfalls, w a r u m solche Neuanlagen gemacht wurden, und überlässt es der Einzeluntersuchung, festzustellen, wann, wo und weshalb das Mittelalter seinem Wesen untreu(?), k e i n e Neuanlage schuf; auch warum Neuanlagen so ähnlich, ja gleich sind, macht er begreiflich. Aber völlig unabhängig davon bleibt noch eine andere Frage bestehen, mit deren Behandlung wir dann unsere Betrachtungen abschliessen wollen, nämlich die: Warum diese Neuanlagen gerade die oben geschilderte Form annahmen, wie diese zu erklären ist, woher sie stammt?

Beginnen wir mit der durch die in die Stadtthore mündenden Landstrassen oft in 4 fast gleiche Stadtfelder geteilten Feldmark, innerhalb welcher die Stadt eine fast zentrale Lage hat, so erklärt sich dieselbe meistens als eine ebenso künstliche Schöpfung wie die Stadt selbst. Denn selten übernahm man eine vorhandene alte Feldflur so, wie sie war, sondern s c h u f sie, oder vergrösserte sie, wie die Urkunden, und wo diese fehlen,

---

abgetreten wurde. Auffallend ist mir, dass weder Kratz noch, soviel ich sehe, andere, diese Neuerbauung Stettins in Stettin beachtet haben. Hering: in seinen „Beiträgen zur (ält.) Topographie Stettins" 1843, Gymn.-Progr. S. 18, ist wenigstens die Regelmässigkeit dieser Stadtteile aufgefallen; doch schreibt er sie, ohne Verknüpfung mit der 1243 erfolgten Erhebung zur deutschen Stadt, einer etwas früher, (um 1237) durch Zunahme der deutschen Ansiedler und ihres bereits vorherrschenden Einflusses verursachten Vergrösserung und Erweiterung zu. Ein früherer Topograph, Friedeborn, hatte sich einen U m b a u Stettins vorgestellt.

[1] Von diesem Herzog Barnim I. von Pommern rühren die meisten Stadtrechtsbewidmungen oder wie wir nun besser sagen werden, „Stadterbauungen" in Pommern her.

alte als Flurnamen fortlebende Dorfnamen erkennen lassen, durch Zusammenlegung von mehreren ganzen Dorffluren [1] alter eingegangener oder erst einzuziehender Dörfer oder von einzelnen Teilen solcher. So war selbst dort, wo der Ort der Stadt feststand, die Möglichkeit der annähernd gleichmässigen, wirtschaftlich nicht unwichtigen Verteilung des Acker- und Weidelands um dieselbe herum gegeben. Auch dem richtigen Verhältnis der verschiedenen Nutzungsflächen (Acker, Wald, Wiese, Weide) konnte man auf diese Weise bei den Stadtanlagen Rechnung tragen. [2] Da (für die kleinen Landstädte wenigstens), meistens dieselben Bedingungen des Aufblühens vorhanden waren, so darf auch die häufige Uebereinstimmung der Feldmarkgrösse nicht Wunder nehmen. 200 Hufen, 150 Hufen, 100 Hufen, auch wohl 300 Hufen sind die üblichen, aus Urkunden bekannten Masse. [3]

Und nun jene typische Lage der Stadt selbst, die wir oben (S. 20) schilderten? Sie findet ihre Erklärung in slavischer Ansiedlungsgewohnheit, der man selbst da folgte, wo von der Grundlage eines früheren slavischen Dorfes keine Rede sein kann (z. B. Neubrandenburg). Konservatives Bestreben, wenigstens ungefähr für den Neubau einer Stadt den Ort der Ansiedlung beizubehalten, der man meist den Namen entlehnte, und richtige Erkenntnis der Vorteile dieser Lage an schützendem Sumpf und Fluss werden hier zusammengewirkt haben. Und als Drittes an der Stadt, was im Slaventum und nicht im Deutschtum wurzelt, werden wir, näher an die Stadt herantretend, nun auch ihre alte Befestigungsart ansehen müssen, sowie die meist runde oder ovale Form des Stadtkörpers.

Mit hohen Erdwällen, wie sie urkundlich nachweisbar gleich anfangs errichtet wurden, sowie mit Plankenzäunen, zu deren Errichtung den jungen Städten oft Wälder oder doch Holzungsrechte erteilt waren, (silvam ad plankos et ad munimen construendas) [4] und die oft erst spät durch Steinmauern ersetzt wurden, sind nach zahlreichen älteren Nachrichten auch die alten slavischen Burgen und Städte bewehrt gewesen. Dieser Befestigungsart

---

[1] Von vielen nur zwei Beispiele: In dem Widmungsbrief für Loitz mit Lübecker Recht wird ihm hier wohl zur Abrundung seiner bisherigen Flur verliehen wie folgt: insuper duas villas Drusdowe et Zarneglowo intra metas silvarum dicto nostre civitatis contentas conferimus. Mecklb. Urkb. I. In der Urkunde für Bernstadt in Schlesien (früher Liegnitz genannt): primo dedimus jus Theutonicum, deinde territorium continens villas Horndorff, Hidischdorf, Schoenow per totum.

[2] Meistens wird in den vorhandenen Bewidmungsurkunden, sowohl bei völligen Neuschöpfungen als auch bei vorhandener Grundlage in Gestalt eines alten Dorfes oder einer alten Stadt, genau die Verteilung des Landes angegeben: z. B. Urkunde für Lychen (1248. Meckl. Urk. I, Nr. 601) adjecimus quinquaginta mansos, quorum 100 in agriculturam et 50 in pascua pecorum nos recognovimus deputasse. Urk. für Neubrandenburg (1248, Jan. 4.) ibid. Nr. 600. adjecimus 250 mansos, quorum 200 in agricultura reliquos 50 in pascuis nos recognoscimus deputasse.

[3] Cöslin 100, Lauenburg 100, Greifenberg 104, Callies 153, Garz 135, Liegnitz 100, Oels 100, Nackel 100, Greifenhagen 200 Hufen.

[4] So heisst es z. B., um von vielem weniges anzuführen, in der Urk. für Neubrandenburg. 1259 wird Grabow mit Einkünften beschenkt ut plancas et pontes reedificent. (Mekl. Urkb. Nr. 834). 1267 (Mekl. Urkb. Nr. 1131) erscheint Schwerin mit Plankenmauern (de plancis civitatis usque ad) Plancatae werden diese neuen civitates oft genannt. So war auch Dresden (das regelmässige Centrum) anfangs mit hohen Wällen und Plankenmauern versehen. Die Bürger erhielten meist eine Anzahl Freijahre (von Abgaben) zur Errichtung der nötigen Befestigungen.

ist auch die oben festgestellte Thatsache zu danken, dass keine Flüsse oder Bäche die
Städte durchfliessen; denn die Schwierigkeit, mit einem Wall einen Fluss zu überbauen,
liegt auf der Hand. Von dem alten (slavischen) Stettin heisst es in der Vita des bekannten
Heidenbekehrers Otto von Bamberg:[1] stagno et aquis undique cincta omni hosti inacces-
sibilis oder bei Saxo Grammaticus: (oppidum) eminentis valli sublimitate conspicuum.[2] Ein
gutes Beispiel solcher altslavischen Befestigung bilden die Reste der berühmten Slavenburg
Wissegrod a/d. Weichsel, die kreisrund war mit tiefen Gräben und hohen Wällen von
steiler Böschung und dazu, was auch für unsere Städte typisch ist, wie ich oben ausführte,
im Winkel zwischen zwei Flüssen lag (in angelo situm fluviorum). Will man ein sehr altes,
höchst eigentümliches Zeugnis hören, so möchte ich hierzu noch zitieren, was der ara-
bische Schriftsteller I b r a h i m   i b e n   J a c u b, welcher wohl einer maurischen Gesandtschaft
an Otto I. (973) angehörte, berichtet:[3] «Wenn sie (die Slaven nämlich) eine Burg gründen
wollen, so suchen sie ein Weideland (Wiesenland?), welches an Wasser und Rohrsümpfen
reich ist, und stecken dort einen r u n d e n oder v i e r e c k i g e n Platz ab, je nach der
Gestalt und dem Umfange, welchen sie der Burg geben wollen. Dann ziehen sie darum
einen Graben und häufen die ausgehobene Erde auf. Diese Erde wird mit Brettern und
Balken so stark gestampft, bis sie ganz hart geworden. Ist alsdann der Wall bis zu der
geforderten Höhe aufgeführt, so wird an der Seite, welche man auswählt, ein Thor abge-
messen.»

Also Name, Gegend und Lageart,[4] Befestigungsweise[5] und äussere Form sind s l a v i s c h
an unsern Städten!

Und nun betreten wir wieder das Innere! Wir finden unser Planschema z w e i m a l angewendet! Augenscheinlich hat hier eine S t a d t e r w e i t e r u n g stattgefunden! Aber wenn wir
uns früher hätten wundern können, dass man die Stadterweiterung nicht in der später
auch hier üblichen Weise, der strahlenförmigen Fortsetzung des ursprünglichen Grundplans
oder blosser Verlängerung einiger Strassenzüge, vorgenommen hat, werden wir jetzt nach
dem oben konstatierten Zusammenhang zwischen rechtlicher und äusserer Form sofort
vermuten, dass bei zwei- oder mehrmaligem Vorkommen des einfachen Grundplans innerhalb e i n e r Stadt ebensoviele selbständige, rechtlich getrennte Gemeinwesen vorhanden

---

[1] Monum. Germ. XIV, pg. 777.

[2] cf. Kratz, S. 377.

[3] Jahrbücher des Vereins für Mecklenb. Geschichte. Bd. 45. 1880. Seite 3. — In Mecklenburg liegen die
slavischen Wälle ausnahmslos in Sümpfen, flachen Gewässern, auf Inseln oder Landzungen; die Mehrzahl ist
o v a l oder bildet ein unregelmässiges Viereck. (Protokolle der G.-Versammlung der Geschichtsvereine, 1800,
S, 123.) Ueber die n i c h t slavischen Rundwälle vgl.: B e h l a : Die vorgeschichtl. Rundwälle, 1888.

[4] So sage ich absichtlich und nicht „Lage", denn in den meisten Fällen hat genau auf dem Grund und
Boden, auf dem heute die Stadt liegt, die slavische Ansiedlung nicht gelegen, sondern nur in grösserer oder
geringerer Nähe.

[5] Aehnliche Befestigungsweise und Form scheint allerdings auch in Niedersachsen üblich gewesen zu sein!
Slavischer Einfluss frühester Zeit durch die langen Kriege der Sachsen mit den Slaven?? Städte- Burgen-
bau (urbes) Heinrichs I. ?

waren. Und in der Thut ist es so in den Fällen, wo geschichtliche Nachrichten genügende Auskunft geben. Ich nenne Rostock, wo das einfache Plansystem dreimal vorkommt und wirklich drei Stadtgemeinden: Altstadt, Mittelstadt, Neustadt bestanden haben, die baulich und rechtlich in dem kurzen Zeitraum von 1189(?)—1252 entstanden sein müssen und erst 1262 vereinigt wurden. [1] Güstrows wieder eingegangener Neustadt gedachten wir schon. Thorn (gegründet 1235) will ich als Beispiel aus Preussen erwähnen, wo Alt- und Neustadt nebeneinander bestanden, von denen, wie schon Merian hervorhebt, die Altstadt besser gebaut war, und die jede für sich Ringmauern hatten. Ob letzteres auch bei Rostock eine Zeit lang der Fall gewesen, vermag ich nicht zu entscheiden, möchte es aber nach andern später zu besprechenden linkselbischen Beispielen fast vermuten. Dass in Posen von den 7 selbständigen städtischen Gemeinwesen: 1. Domgegend. 2. Das deutsche Posen. 3. Die Johannstadt. 4. die Wallischei. 5. Ostrowek. 6. Adalbertvorstadt. 7. Stanilawow nur eine unsern Plan zeigt, hat darin seinen Grund, dass die andern sechs teils ältere (später bewidmete), teils jüngere Ausiedlungen sind.

III.

So bleibt denn nur noch das einfache Planschema, das wir wohl früher den «nordostdeutschen Normalplan» nannten, nach seiner Herkunft zu erklären! Dieser Normalplan ist so einfach und praktisch, so allen Bedürfnissen einer ebenso auf Handel und Gewerbe (Marktplatz) als auf Ackerbau und Viehzucht angewiesenen Bevölkerung entsprechend, dass man ihn daraus allein erklären möchte, wüsste man nicht aus vielfältiger Erfahrung, dass gerade das einfachste und praktischste — wie beispielsweise die Durchzählung der Monatstage — geschichtlich betrachtet immer das jüngste Produkt, das Ende und nicht der Anfang einer langen Entwicklung ist.

Darum kann auch hier keine unvermittelt auftretende und dann mit grosser Schnelligkeit allgemein angewendete «Erfindung» vorliegen, sondern muss eine längere Entwicklung vorausgesetzt werden. Da jedoch in unserm Gebiete selbst von einer solchen so wenig zu bemerken ist, dass man vielmehr den Eindruck gewinnt, die ältesten Gründungen um 1230 herum seien gerade die regelmässigsten und erst später habe wieder eine gewisse Nachlässigkeit Platz gegriffen, so bleibt nichts übrig als Uebertragung und Entlehnung anzunehmen.

Steht die Sache aber so, dann hat es einen gewissen Reiz — besonders in Verbindung mit dem, was früher von den altdeutschen Städten römische Vorgeschichte gesagt ist, — sich sofort dorthin zu wenden, wo unser Stadtplan in höchster Ausbildung vorhanden ist, wo er jahrhundertelang angewendet wurde, nämlich nach Italien. Hier zeigen nämlich viele

---

[1] Vgl. Koppmann: Geschichte der Stadt Rostock. S. 2. S. 14. Am 18. Juni 1262 bestimmt Fürst Borwin und seine Söhne, dass in Rostock nur ein Rat und ein Gericht sein sollen und die nun geeinigte Stadtgemeinde eine gemeinsame Bede bezahlen solle.

Städte, die wir als altrömische Kolonieen kennen, in ihrem Stadtplan oder doch in ihrem Zentrum genau dasselbe regelmässige Schema, nur dass es hier rechteckig abzugrenzen ist, und nicht rund oder oval wie in unserm altslavischem Gebiet. Wer Städte wie Turin (colonia Julia Augusta Tauriuorum) Bologna (Bononia), Pompeji (colonia Cornelia), Verona (V. Augusta) und Florenz kennt, hat gewiss selbst die Aehnlichkeit ihrer Stadtanlage mit der unserer nordischen Städte bemerkt; für andere gebe ich unten zwei Skizzen der Zentren von Verona und Florenz,[1] die weitere Erklärung unnötig machen.

Auch eine oben zwar erwähnte, aber nicht weiter gedeutete Eigentümlichkeit unserer nordostdeutschen Städte, nämlich die Orientierung nach den vier Himmelsrichtungen, welche altrömischen Anlagen eigen ist und bekanntlich aufs engste mit den sacralen Gebräuchen der Limitation[2] zusammenhängt, fände so eine ansprechende Erklärung.[3]

Erwähnen will ich schliesslich noch, dass schon um's Jahr 1000 jemand, es war der Rostocker Stadtsekretär Bernhard Scharfenberg,[4] ein geborener Neubrandenburger, gelegentlich eines Zeugenverhörs Folgendes als seine Ansicht zu Protokoll gab: «Herbord von Raven, der Gründer Neubrandenburgs, habe in Italia studirt gehabt und daher auch die Stadt Neubrandenburg [angelegt] nach der Form und Art, wie in Italia gemeinlich die Strassen gebaut sein sollen».

Aber wie verlockend die hier gebotene Aussicht sein mag, auch die nordostdeutschen Stadtanlagen in einen geistigen Zusammenhang zu bringen mit den altrömischen Städten, deren körperliche, örtliche Einwirkung auf einzelne westdeutsche Städte wir oben an ihren Plänen nachweisen konnten, — so möchte ich doch zu grösster Vorsicht mahnen und für meine Person zunächst nach anderer Herkunft unseres Schemas Umschau halten.

Ich deutete bereits am Ende des I. Teils an, dass Westdeutschland ausser den ganz

---

[1] Vgl. S. 12, Anm. wo bereits von der genauen Abgrenzung des alten rechteckigen Mittelteils von Florenz die Rede war. — Bei dieser Gelegenheit möchte ich auf die den von uns bemerkten Vorgängen im slavischen Gebiet parallele Erscheinung bei der römischen Kolonisation und Städtegründung im keltischen Italien aufmerksam machen. Auch hier bestanden „keltische Städte", die Römer legten unter Benutzung ihres Namens und ihrer militärisch oder wirtschaftlich wichtigen Lage daneben oder in der Nähe Militärstädte an, welche bestehen blieben und sich entwickelten, während die „keltische Stadt", wie das auch hier der Plan schon ergiebt, verschwand. Natürlich denke ich nicht daran, hiermit etwas anderes als ein interessantes „Analogon" festzustellen.

[2] Vgl. die geistvollen Ausführungen Nissens über die antike Städteanlage und Limitation. (Nissen, Templum 1869.) Vgl. unter den Planskizzen Tafel 5, den „muthmasslichen Grundriss von Argentoratum", in dem ich nach den korrespondierenden Strassenausgängen die Züge der decumani (ost-westl.) und der cardines (nord-südl.) wiederhergestellt habe. Vgl. auch Overbeck-Mau: Pompeji, S. 33. Vgl. Meine früheren Bemerkungen: Oberrh. Zeitschr. N. Folge. VI. S. 666, Anm. 1, sowie Appell: Argentoratum.

[3] Diese Orientierung der deutschen Städteanlagen kann ja auch auf Rechnung der in ihnen aufzuführenden und westöstlich zu richtenden Kirchen gesetzt werden.

[4] Vgl. diese Notiz bei Boll, Gesch. von Neubrandenburg, S. 5, Anmerkung 2. Interessanter als in diesem Zusammenhang ist diese Notiz eigentlich deswegen, weil sie zeigt, dass auch Scharfenberg diese doch typische Anlage von Neubrandenburg für etwas ganz besonderes, anderswo nicht vorkommendes hielt. — Ob Herbord von Raven wirklich in Italien, etwa in Bologna, studiert hat, ist nicht zu erweisen. Bernhard von Scharfenberg hat jedenfalls (nach gefälliger Mitteilung von Prof. v. Luschin in Graz) nicht in Italien studiert und scheint nach obigem Wortlaut überhaupt nicht aus eigener Anschauung und Kenntnis italienischer Städte zu sprechen.

ausser Betracht stehenden modernen Anlagen (wie Mannheims Schachbrett- und Karlsruhes Sternanlage) ältere Gründungen mit r e g e l m ä s s i g e n Grundplänen aufweise, von denen später die Rede sein solle. Das sind vor allem die Städtegründungen im früher städtearmen Baden, «die Zähringer Gründungen». Ich nenne Waldshut, Villingen, Breisach, Freiburg, Neuenburg, Lahr, Oberkirch, Oppenau, Ettenheim, Steinbach, Kenzingen, Pforzheim, Bern i. d. Schweiz u. a. m.[1] Viele derselben sind nicht nur sehr regelmässig, sondern zeigen auch mit ihrer Marktanlage, mit ihren parallelen und sich kreuzenden Strassen auf den ersten Blick grosse Aehnlichkeit mit unserm Schema. Nur sind sie untereinander lange nicht so übereinstimmend, sondern haben neben runder und viereckiger oft auch andere, besonders die langgestreckte, an Dörfer erinnernde Form.[2]

Sollte man nun, da ihre Entstehungszeit durchweg früher liegt, an sie denken als Vorbild oder Vorstufe für die nordostdeutschen Städte? — Ich meine nicht; denn abgesehen davon, dass auch ihre Anlagen trotz allerlei Variationen doch keine eigentliche Entwicklung zeigen und so auch wieder als blosse Nachahmungen gelten könnten, scheint es mir ratsamer, wenn 'mal auf deutschem Gebiet das Vorbild gesucht werden soll, es auch dort zu suchen, wo wir das Vorbild für die rechtliche Gestaltung der ostdeutschen Städte fanden — also l i n k s d e r E l b e, von wo das Magdeburger Stadtrecht, wie wir sahen, seinen Weg ins Slavenland nahm. Dass dann Recht und äussere Form auch bei dieser Wanderung zusammengegangen wären, kann von vornherein diesen Vorschlag empfehlen!

Und wirklich, wenn man daraufhin genau die Pläne alter Städte jenes Gebiets ansieht, ich nenne Magdeburg selbst, das alte Bremen, Braunschweig und das altertümliche Hildesheim u. a., so bemerkt man gewisse Regelmässigkeiten, die, mitten unter sehr engen und winkligen Stadtteilen sonst kaum beachtet, nun ein hohes Interesse für uns gewinnen.

Man sehe zunächst den Plan von Bremen an! In der langgestreckten, am Flusse liegenden Altstadt, sondert das Auge leicht drei baulich verschiedene Teile ab. Da ist erstens im Osten mit fast konzentrischen, krummen Strassenzügen, deutlich ein Anbauwesen für sich bildend, der Stadtteil süd- und südostwärts vom Dom zwischen Tiefer- und Sand-Buchtstrasse einerseits und Marterburg und Wachtstrasse (Wasstrotz) anderseits. — Zweitens, westlich anstossend ein Stadtteil mit im ganzen regelmässigen Strassenanlagen, mit dem viereckigen Hauptmarkt und dem Rathaus der Stadt, und drittens jenseits der Kaiserstrasse ein sich durch die Richtung seiner ebenfalls ziemlich geraden Strassen wieder deutlich absondernder Stadtteil mit der Stephanskirche.[3]

---

[1] Vgl. über diese Gründungen G o t h e i n, Wirtschaftsgeschichte des Schwarzwalds (1892), Einleit.

[2] Ein nicht im Stadtplan erkennbarer, aber doch recht grosser Unterschied dieser Gründungen in Süddeutschland gegen die nordostdeutschen Städtegründungen besteht darin, dass erstere ursprünglich keine Feldmark hatten, sondern lediglich auf Handel und Gewerbe angewiesen waren. Erst später haben sie allmählich durch Kauf (und Schenkung) sich von den umliegenden dörflichen Feldfluren landwirtschaftliche Gemarkungen erworben (vgl. Gothein S. 187). Die Ackerbau- und Besitzverhältnisse dieser alten Kulturgebiete waren offenbar schon zu entwickelt, um solche neuen Feldmarkschöpfungen auf einen Wurf zuzulassen.

[3] Von diesem dritten, spät mit Stadtrecht bewidmeten Teile können wir hier völlig absehen.

So der Augenschein! Ihn bestätigen die hier zum Glück vorliegenden und recht eingehenden topographischen Forschungen. Dünzelmann[1] und v. Bippen[2] sind beide der Ansicht, dass die älteste christliche und auch wohl heiduische Ansiedlung zu suchen sei in der oben gekennzeichneten Domgegend,[3] während der Stadtteil westlich von derselben als eine spätere bürgerliche, kaufmännische angesehen werden müsse. Dünzelmann meint ferner, und darin möchte ich ihm allein schon auf Grund des Planes beipflichten, dass dieser Domstadtteil, die Domfreiheit (Immunität), ursprünglich durch eine Mauer umgeben und von der zunächst noch mauerlosen, bürgerlichen, kaufmännischen Ansiedlung getrennt gewesen sei. Er beruft sich dabei auf Münster i. W., wo dies für den ebenfalls auf dem Plan sich als runden Komplex abhebenden Domstadtteil erwiesen ist, und Osnabrück,[4] wo es wahrscheinlich ist.

Wie in Münster war es auch in Hildesheim.[5] v. Bippen nimmt diese Abgrenzung der Domfreiheit, «der alten Wik», wie Dünzelmann sie nach mittelalterlichen Quellen auch nennen will, nicht an (S. 378), sondern lässt die Mauern schon anfangs die Kaufmannsstadt westlich der Domgegend mitumfassen, hebt aber hervor, dass erstere «durch ihre im ganzen regelmässigen Strassenanlagen, mit ihren fast durchweg späteren Ursprung verrotenden Namen, und durch die erheblichen Grundflächen, die hier in späterer Zeit für Kirchenbauten hergegeben werden konnten, bezeuge, dass dieser grössere Teil der Stadt planmässig von einem Grundbesitzer, von der Kirche (Domkapitel?) zur Bebauung ausgethan sei.» Und zwar denke ich mir nach meinen Beobachtungen diesen Aufbau von Neu-Altbremen noch etwas schneller und einheitlicher, als v. Bippen anzunehmen scheint. Dass ferner diese Neuanlage von dem an den alten Domstadtteil austossenden und mit Bedacht hier angelegten Marktplatz seinen Ausgang genommen, würde schon nun den Plan hervorgehen, auch wenn es nicht durch die Urkunde Kaiser Otto's I. vom 10. August 965, (welche v. Bippen als die Geburtsurkunde Bremens bezeichnet) äusserst wahrscheinlich gemacht wäre. Darin wurde nämlich Adaldag das Recht verliehen, in Bremen einen Markt zu errichten, und «dieser veranlasst, Kolonisten herbeizurufen, welche zum Zwecke dauernden Handelsbetriebes sich hier niederlassen und, Grund und Boden vom Erzbischof in Erbleihe empfangend, Bremen zu einem ständigen Marktorte machen sollten.[6]»

Aehnlich verhält es sich meines Erachtens (dem Plan nach) mit der Anlage von Magde-

---

[1] Dünzelmann: Die topographische Entwicklung der Stadt Bremen. (Bremisches Jahrb. Bd. 13/14, S. 27 ff.) — Dünzelmann: Das älteste Bremen. Brem. Jahrb. Bd. 15/16. S. 163/174.

[2] v. Bippen: Geschichte der Stadt Bremen (1892). I. Bd. S. 374 ff.

[3] In der Domshaide s. o. v. Dom glaubt Dünzelmann (S. 83) die alte Malstätte der Gegend (Die Walferichshaide mit grosser Linde) wiederzuerkennen.

[4] Aus dem rechtselbischen Gebiet will ich als Beispiel solcher, auch nach Gründung einer bürgerlich, mit Wällen und Planken befestigten Stadt fortbestehenden äusserlichen Trennung zwischen Domfreiheit und Stadt Schwerin nennen.

[5] Vgl. Bauer, Geschichte von Hildesheim. (1892.) S. 10.

[6] Vgl. v. Bippen, S. 34.

burg,[1] dem Stadtrechtsorte des Ostens, über dessen Topographie mir jedoch leider keine genügende Litteratur zur Hand war, so dass ich mich begnügen muss, eine Planskizze der hier noch regelmässigeren und den ostdeutschen Anlagen ähnlicheren Gegend um den alten Markt beizugeben.

Und nun können wir uns der rechtlich und baulich merkwürdigsten und interessantesten Stadterscheinung jener Gegend zuwenden, das ist Braunschweig.[2] Wer es aus eigener Anschauung kennt, wird den Eindruck einer höchst krausen verwickelten Anlage haben; und doch lässt der Stadtplan bald innerhalb des einen heute durch die Wallpromenaden bezeichneten Befestigungsgürtels mit grosser Deutlichkeit 5 verschiedene Anlagen erkennen, die durch meist recht krumme und unregelmässige Verbindungsstrassen mit einander zu dem einen auf den ersten Blick ganz regellosen Strassennetz verknüpft sind. Und die Geschichte lehrt, dass diesen 5 Anlagen ebensoviele selbständige Gemeinwesen entsprochen haben; nämlich in der offiziell feststehenden Reihenfolge: Altstadt, Hagen, Neustadt, Altewik, Sack, welche erst spät zu einer Stadtgemeinde vereinigt wurden.[3] Betrachtet man nun den Plan der Altstadt, von dem ich zu besserem Verständnis und zum Vergleich mit andern Plänen unten eine Skizze gebe, so stellt sich derselbe dar als eine durch die leichte Krümmung der äusseren Strassenzüge sich deutlich markierende, einigermassen ovale Anlage, die vermuten lässt, dass sie einst von einer diesen äusseren Strassen parallelen Mauer oder dergl. umgeben war. Dies und das ziemlich regelmässige Strassennetz innerhalb dieses Umkreises, sowie die regelmässige Gestaltung des Marktes lassen bei mir kein anderes Urteil zu, als dass diese Altstadt einer Art Gründung, einer gewissen planmässigen Anlage ihr Dasein verdankt.

Ich muss hier etwas ausführlicher sein, denn gerade dieser meiner Ansicht steht die Behauptung des letzten Bearbeiters der Frage nach der Entstehung Braunschweigs, Varges, schroff gegenüber, indem er sagt: «Gegründet ist diese Stadt nicht, sie ist von selbst gewachsen.[4]» Gerade das kann ich dem Plan gegenüber nicht zugeben und sehe auch

---

[1] Im Jahre 937 gründete Otto's I. Gemahlin Editha hier ein Benedictinerkloster, an dessen Stelle 1208— 1368 der heutige Dom gebaut ist. 967 wurde Magdeburg zum Erzbistum erhoben. Magdeburg, das schon zu Anfang des 9. Jahrhunderts als Handelsplatz für den slavischen Osten erwähnt wird, scheint in der rechtlichen und formellen Weise, und darauf kommt es an, 965 zum Markt erhoben zu sein. Schwarz, S. 35. Mit dieser rechtlichen Marktgründung mag die Entstehung jenes regelmässigen Marktzentrums verbunden gewesen sein. (?)

[2] Ueber Braunschweig giebt es reiche Litteratur, ich nenne Dürre, Geschichte der Stadt Braunschweig im Mittelalter. 1861. (Mit Plänen.) — Hegel, Chronik von Braunschweig. 1880. Einleit. — Bethmann, Zur Geschichte der Stadt Braunschweig. (Westermanns Monatshefte. 1860). — Varges, Die Entstehung der Stadt Braunschweig. Zeitschr. des Harzvereins XXV.

[3] Am 18. Nov. 1269 vereinigten sich die drei erstgenannten zur civitas universa Brunswig. Altewik und Sack folgten erst später.

[4] Varges, S. 2. Das Beispiel, das er für die Art der von ihm gedachten Entstehung anführt: „wie noch heute auf dem jungfräulichen Boden Amerikas Orte und Städte entstehen", ist möglichst unglücklich gewählt, da ja gerade dort die Städte so planmässig wie nur irgendwo gegründet werden und oft längst auf dem Reissbrett fertig sind, ehe nur ein Mensch dort wohnt. (Vgl. z. B. die Aufsätze von E. von Hesse-Wartegg.) Dies Beispiel würde mehr für meine Ansicht und besonders für die ganze Besiedlung Ostdeutschlands heranzuziehen sein, wenn ich einen modernen Vergleich wünschte.

in den Quellen keinen Anhalt dafür. Varges' Anfangssatz: «Der Kern der Stadt Braunschweig, gewissermassen die Mutterstadt der übrigen Weichbilder, ist die Altstadt (antiqua civitas)» kann auch für mich richtig sein, wenn er sich nur auf die rechtliche Existenz von Braunschweigs beziehen soll; aber rein körperlich genommen ist nach meiner Ansicht der Kern- und Ausgangspunkt von Braunschweig der Wik (Altewik) oder Brunswik gewesen, etwa in derselben Weise, wie die slavische Ansiedlung Posen der deutschen Stadt Posen den Namen lieh, ohne an ihren Rechten teilzunehmen, oder wie das verschwundene Alt-Rostock (Wendisch-Wik) sich zur Stadt gleichen Namens verhält, oder, um ein linkselbisches Beispiel anzuführen, wie Alt-Göttingen seinen Dorfnamen ganz an die Stadt abtrat und nur noch das «Alte-Dorf»[1] hiess. Dass der Alte-Wik erst 1245 Stadtrecht erhielt und deswegen immer erst an vorletzter Stelle in der Reihe der Braunschweiger Weichbilder erscheint, ist durchaus nicht auffallend, sondern eher eine Bestätigung des von mir angenommenen Hergangs.

Die Bezeichnung Altstadt (antiqua civitas) kommt übrigens erst 1227 vor, als bereits eine jüngere städtische Ansiedlung (der Hagen) dieselbe rechtfertigte. Wann und wie im Einzeln diese (bauliche und rechtliche) Neuschöpfung, die ja in ihrem südlichsten Teil mit alter Ansiedlung zusammenhängen mag, zu denken ist, darüber enthalte ich mich hier, wo ich auf umständliche Begründung und Widerlegung verzichten muss, des Urteils. — Doch will ich darauf hinweisen, dass, wie auch Dürre angiebt, Braunschweig als rechtliche Stadt erst 1175 bezeugt ist,[2] während die Erwähnung von 1157 auch durch einen blossen, gewiss schon vorhandenen Marktverkehr um die St. Michaeliskirche gedeutet werden könnte, sowie darauf, dass die St. Martinskirche auf dem Markte, hier wie anderswo die Markt- und Kaufmannskirche,[3] erst von Heinrich dem Löwen gestiftet wurde. Trotzdem kann natürlich Braunschweig als «Stadt» möglicherweise viel älter sein! Keine solche Schwierigkeiten bietet ein anderes regelmässiges Gebilde in Braunschweigs Grundplan, das ist der Hagen, der als gleichzeitig rechtliche und bauliche Neuschöpfung Heinrichs des Löwen beglaubigt ist.[4]

Nicht minder interessant ist das Planbild von Hildesheim,[5] das ganz ähnlich wie das Braunschweiger sich zusammensetzt aus 4 Bausystemen, von denen das geradeste und, abgesehen von seiner rechteckigen Umgrenzung, einer ostdeutschen Anlage völlig entsprechende (vgl. unten die Skizze) eine gleichzeitig rechtliche und bauliche Gründung von 1230 (?) darstellt und Neustadt heisst, während sich ein minder regelmässiges, aber immerhin eine gewisse Anlage verratendes Strassensystem mit Marktplatz und Rathaus an den vollständig krummen und winkligen, um den Dom und St. Andreas gelagerten Stadtteil anschliesst und mit in den Namen Altstadt einbegriffen ist. Wann und unter welchen Umständen dieser

[1] Schmidt, Gustav, Das mittelalterliche Göttingen. Hansische Geschichtsblätter. 1878. S. 6.
[2] Dürre, S. 62/63.
[3] Sohm, Entstehung des deutschen Städtewesens. Leipzig 1890.
[4] Varges, S. 12. nach Urkb. d. Stadt Braunschweig I. mit Stadtrecht versehen a prima fundatione.
[5] Vgl. Bauer, Geschichte der Stadt Hildesheim. 1892. (Leider ohne Stadtplan.) — Döbner, Die Stadtverfassung Hildesheims im Mittelalter. (Hans. Geschichtsblätter, III. Band. 1881.)

Stadtteil, der wohl anfangs ausserhalb einer die Domfreiheit umgebenden Mauer lag, entstanden, ist nicht festzustellen.

Um ausser diesen Städten mit zum Teil dunkler, zum Teil recht schwieriger Entstehungsgeschichte einfachere Beispiele anzuführen, nenne ich Hamburg und Lübeck,[1] die zwar jenseits der Elbe liegen, aber doch geschichtlich mehr zu Niedersachsen zu rechnen sind, und aus süddeutschem Gebiete München.

In Hamburg fand um 1180 durch Wirad von Boicenburg eine Neugründung statt juxta Alstriam sitam, die sich trotz aller Veränderungen noch heute im Plane markiert.[2] Lübeck, der Stadtrechtsort für Pommern, ist ganz eine Gründung und verrät sich durch seinen (etwas an den Grundriss von Altbraunschweig erinnernden) Stadtplan deutlich als eine solche.[3] Diese (zweite) Gründung von Lübeck geschah nach 1157[4] durch Heinrich den Löwen, denselben, der als Herzog von Baiern die zuletztgenannte Stadt, nämlich München,[5] ins Leben rief, und der sich für ihren der ostdeutschen Art recht ähnlichen Aufbau wohl geradeso persönlich interessiert haben wird, wie es uns von Lübeck berichtet wird.

Aus den vorgebrachten rechtselbischen Beispielen, die sich übrigens leicht vermehren liessen (siehe unten),[6] möchte ich für unsere Zwecke folgende Schlüsse ziehen:

1. Derartige frühe Anlagen im Sachsenland können sehr wohl aufgefasst werden als die einer weiteren Entwickelung fähigen Muster für die seit dem Jahre 1200 (etwa) im ganzen Bereich des Slavengebietes erbauten Städte.

2. Diese Anlageform geht vielleicht auf recht frühe Zeit zurück, die wirklich festzustellen Sache einer besonderen Untersuchung wäre, welche dann auch nochmals die Frage behandeln könnte, ob nicht doch ausländischer, etwa durch die Kirche, die Fürsten oder die Kaufleute selbst vermittelter Einfluss auf die Gestaltung der Neuanlagen eingewirkt hat.

3. Und damit streifen wir wieder die Rechtsgeschichte: Auch hier, im altdeutschen Gebiet jüngerer Kultur hat die rechtliche Konstituierung einer Stadt sogar in und bei alten «sogenannten Städten» nach einer äusserlich sichtbaren, getrennten(?) Neugründung verlangt.

---

[1] Hoffmann, Geschichte der freien und Hansastadt Lübeck. 1881. (Ohne Stadtplan.)

[2] Hamburgisches Urkundenbuch, Bd. 1, S. 252/53. Nr. 245, 266. — Koppmann, Kleine Beiträge zur Geschichte Hamburgs. 1867. S. 8

[3] Vgl. die Planskizze; durch ein Versehen des Zeichners ist auch hier nur das Mittelstück gegeben, während der ganze Plan gegeben werden sollte.

[4] Die erste Gründung durch Graf Adolf II. von Schauenburg aus dem Jahre 1143 war durch Feuer zu Grunde gegangen und dann aufgegeben worden. Hoffmann, S. 15, 19.

[5] Vgl. die Planskizze. Wann und unter welchen Umständen die doch auch auf eine planvolle Anlage hinweisende Lorenzseite in Nürnberg entstanden, vermag ich momentan nicht festzustellen, mache aber hier auf den Plan aufmerksam.

[6] Ich denke dabei hauptsächlich an kleinere Städte, die zum Teil sehr regelmässige Anlagen zeigen, die ich jedoch nicht näher besprochen habe, weil ich ohne die nötige Speziallitteratur über ihre Gründungszeit keine Angaben machen kann. Treffliche Beispiele sind: Stendal (gegr. 1161. Götze, Gesch. v. St. war mir nicht zugänglich), Hasselfelde b. Merseburg, Saalfeld, Freiburg a. d. Unstrut, Allstedt b. Mansfeld, Neuhal-

4. Diese Neuanlagen nehmen rechtlich und äusserlich von dem M a r k t e bezügl. dem (viereckigen) M a r k t p l a t z e ihren Ausgang, wobei jedoch, um den Markt nicht als alleiniges Kriterium des Stadtwesens hinzustellen, daran erinnert werden muss, dass auch vorher in solchen Orten oft Märkte (und jedenfalls auch irgendwie geformte Plätze für Abhaltung derselben) bestanden haben, und dass es also einer besonderen Art von Marktgründung bedurfte.[1]

Hiermit möchte ich diese Betrachtungen schliessen, die auch in ihrer durch mannigfache Umstände bedingten U n v o l l s t ä n d i g k e i t einen nützlichen Beitrag zur Geschichte der deutschen Städte bilden mögen! Für die beigegebenen Planskizzen, die meist beliebig herausgegriffen sind, bitte ich um gütige Nachsicht : Es konnte nur immer das zum Verständnis Nötigste dargestellt werden. Ebenso wolle man die auf Grund der gemachten Beobachtungen aufgestellte Einteilung[2] der Städte nach ihren Plänen für eine vorläufige und auch für mich noch unverbindliche halten. — «Städtebücher» der einzelnen deutschen Länder mit kurzen Stadtgeschichten, Plänen und Abbildungen werden hoffentlich dereinst eine klarere Einsicht in das Werden und Wachsen der deutschen Städte möglich machen. — Bis dahin wäre schon mancherlei Aufklärung zu erreichen durch Einzelarbeiten und Feststellungen in den oben mehrfach angedeuteten Richtungen.

---

denselben, Göttingen (2 Gründungen, vgl. S c h m i d t, das mittelalterliche Göttingen). Gotha, Ilm, Meiningen, Königsee u. s. w. Viele sind gewiss späteren Datums als die ostdeutschen Anlagen, denen sie gleichen.

[1] Vgl. die obengenannten Schriften von Schulte, Sohm, Kaufmann u. a. über die auch heute noch nicht zum Abschluss gelangte Frage nach dem Wert und der Bedeutung der Marktgründung für die Entstehung von Städten. Auch unsere Beobachtungen mögen zur weiteren Klärung förderlich sein.

[2] Vgl. umstehend.

VERSUCH

einer

Einteilung der deutschen Städte nach ihren Grundplänen.[1]

A. Westdeutschland (links der Elbe).

1. Unregelmässige (dorfähnliche) Anlagen:

   a) mit einem deutlich erkennbaren Centrum (Dom, Münster, Pfalz, Burg).
   Beispiele: Münster, Würzburg, Aachen, Frankfurt.

   b) ohne einen deutlich erkennbaren Mittelpunkt: (ein unregelmässiger (vergrösserter) Dorfplan (?) oder Zusammensetzung aus mehreren Dorfplänen).
   Beispiele: Mülhausen, Erfurt, Colmar.

2. Unregelmässige (dorfähnliche) Anlagen (a. oder b.) mit regelmässigen Teilen.

   α) mit regelmässigen Teilen römischer Vorgeschichte.
   Beispiele: Strassburg, Cöln etc.

   β) mit regelmässigen Teilen, die auf frühmittelalterliche Gründung zurückgehen (?—1200).
   Beispiele: Bremen, Magdeburg, Nürnberg?

   γ) mit Teilen von noch grösserer Regelmässigkeit, die durch planmässige Gründung späterer Zeit (nach 1200) entstanden sind. (auch zusammen mit α und β).
   Beispiele: Braunschweig, Hildesheim.

3. Regelmässige (meist kleine) Stadtanlagen, entstanden durch mittelalterliche Gründungen (?—1400) mit oder ohne mittelalterliche unregelmässige Erweiterungen (oder Einverleibungen).

   a) in Nordwestdeutschland.

   α) einfache Gründung.

   β) mehrfache Gründung (zeitlich verschieden).
   Beispiele: Saalfeld, Allstedt, Gotha, Göttingen.

---

[1] Von den modernen Stadterweiterungen ist hierbei ganz abgesehen. — Hier mag noch die für die ganze Arbeit gültige Bemerkung Platz finden, dass man überhaupt von Stadterweiterungen erst in neuerer Zeit sprechen kann. Was man für's Mittelalter so nennt (z. B. auch hier in Strassburg I., II., III. Stadterweiterung), und was auch ich deshalb oben öfters so bezeichnet habe, ist doch eigentlich nur eine Einverleibung schon bestehender, allmählich vor der Stadt entstandener Vorstädte, die nun mit in die Befestigung (durch Mauern oder Wälle) hineingezogen wurden. Man sollte also für's Mittelalter meistens von „Einverleibung“ oder „Befestigungserweiterung“ sprechen. Fanden indes im Mittelalter in der Art unserer Zeit planmässige, abgesteckte und allmählich bebaute Neuanlagen statt, so waren das meist nicht Erweiterungen der Stadt, sondern Neugründungen bei der Stadt, deren (der unsern gleiche) Bezeichnung „Neustadt“ ganz wörtlich zu nehmen ist.

b) in Südwestdeutschland (Anlagen verschiedenen Systema).

Beispiele: Freiburg, Lahr, Oppenau, Villingen, Heidelberg.

4. Regelmässige Anlagen aus dem 17. und 18. Jahrhundert verschiedenen Systems. (besonders Schachbrett-, Mühlbrett-, Sternschema).

Beispiele: Mannheim, Freudenstadt, Karlsruhe.

B. Nordostdeutschland (rechts der Elbe).

1. Regelmässige Anlagen nach dem «ostdeutschen Normalplan» (rund oder oval) mit einem Durchmesser von meist 500—600 Meter, ohne Ueberreste des slavischen Ortes (Dorf oder «Stadt»), dem der Stadtname entlehnt ist, und ohne mittelalterliche Erweiterung.

   a) mit einmaliger Anwendung des Schemas: (Templin, Malchin, Greifswald).

   b) mit zweimaliger Anwendung des Schemas: (Waren, Thorn, Königsberg).

   c) mit dreimaliger Anwendung des Schemas: (Rostock).

   d) mit einem zweiten oder dritten unvollständigen, nicht vollendeten Schema: (Breslau, Posen).

2. Regelmässige Anlagen (a. b. c. oder d.) umgeben von unregelmässigen, krummen Stadtteilen.

   a) von solchen aus slavischer Zeit:

   α^1) in Bischofsstädten: (Posen, Breslau, Schwerin). α^2) in Handelsstädten: (Stettin.)

   β) von solchen aus dem späteren Mittelalter.

3. Regelmässige Anlagen (meist ohne ältere Erweiterung) mit dörflichen Nachbarorten gleichen Namens, die, durch den Zusatz: Alt-, Klein- oder Wendisch- von ihnen unterschieden, wohl die alte slavische Ansiedlung repräsentieren. (Patschkau, Alt-Patschkau.)

4. Unvollständige, regelmässige (nicht zu vollem Ausbau gelangte?) Anlagen (rund oder oval) wie unter 1 a. (³/₄ oder ¹/₂ des Schemas). (Meyenburg, Friedland i. d. M.)

5. Unvollständige, regelmässige Anlagen (¹/₂ oder ¹/₄ Schema) mit unregelmässigen oft an die Dorfform (Rundlingsform) erinnernden Teilen. (Späte Gründungen? Umwandlung eines Dorfes in Marktflecken oder Stadt??) (Friesack (?), Liebenwalde (?) Perleberg (?).)

6. Unregelmässige krumme (grössere und kleinere) Anlagen (slavischer (?) Herkunft), die entweder sehr früh oder sehr spät zu deutschen Städten geworden sind (besonders häufig in Sachsen und Posen).